AF317687

*Lieutenant M****

PHILOSOPHIE

DU

DEVOIR MILITAIRE

LA FORCE ET L'ANARCHIE

PARIS

LIBRAIRIE DES SAINTS-PÈRES

83, RUE DES SAINTS-PÈRES, 83

1908

LA FORCE ET L'ANARCHIE

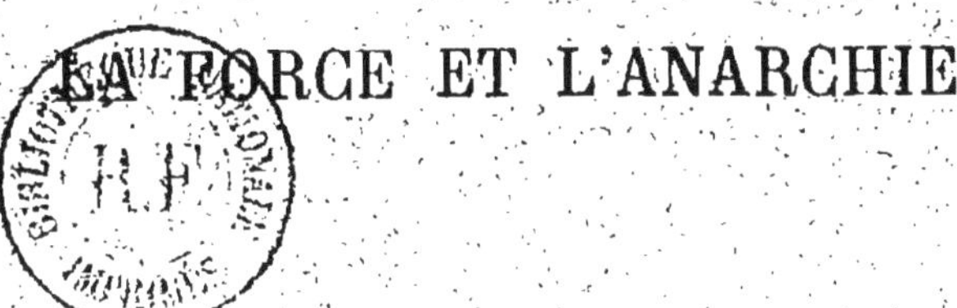

La Force et l'Anarchie

PAR

Le Lieutenant M***

⁕

PARIS

LIBRAIRIE DES SAINTS-PÈRES

83, RUE DES SAINTS-PÈRES, 83

1908

TABLE DES MATIÈRES

LA FORCE ET L'ANARCHIE

AVANT-PROPOS

Il est, dans l'histoire des peuples, des phases qui nous déconcertent.

Comme ces lames de fond, qui roulent sous les flots calmes, sans que nul indice ait pu déceler leur approche, qui surgissent, balayant tout sur leur passage, et qui s'en vont, sans laisser d'autres traces que la ruine, le chaos et la mort, des catastrophes, inexplicables et subites, fondent parfois sur les civilisations les plus florissantes, et, soudain, les anéantissent.

Le phénomène est rare, sans règles fixes, et toujours imprévu. Il ne se reproduit qu'à de longs intervalles dans le cours des années et des siècles.

Les générations se succèdent ; l'oubli se fait,

lentement. Le souvenir du drame subsiste, vague, imprécis, poétisé, comme celui d'une légende; peu à peu, la terreur s'apaise et disparaît. La mode réhabilite la plage, où, de nouveau, se dressent les chalets reconstruits. Les baigneurs, rassurés, reviennent sans méfiance; la mer est là, qui monte, majestueuse et tranquille. Et nul ne songe plus à la menace de la lame qui dort.

Dans les civilisations nouvelles qui s'épanouissent sur les ruines des civilisations disparues, l'oubli se fait aussi des antiques désastres. La fièvre du progrès, l'ivresse du bien-être, les exigences des appétits nouveau-nés, l'exubérance de la vie, ont endormi la crainte et le sentiment du danger. Et, sous ce monde qui ne pense qu'à vivre et qu'à jouir en paix, la mort est là, qui veille.

D'où vient la lame? Mystère!.... Quels heurts l'ont formée? Quelle force inconnue la pousse et la dirige?.... Les savants l'expliqueront peut-être; la foule, qui s'en inquiète peu, n'en saura jamais rien. Mais, un jour ou l'autre, la lame passera sur la plage maudite.

Après des siècles et des siècles, l'historien démêlera les causes des cataclysmes gigantesques où s'abîmèrent les nations. Un Bossuet nous donnera la clef de l'Histoire universelle; un Montesquieu nous décrira la décadence de Rome succédant à sa grandeur; témoins impassibles des premières phases du drame, un Tacite, un Taine sauront en discerner les origines lointaines, nous en dénonceront les redoutables prodromes, et chercheront en vain à nous mettre sur nos gardes.

La plage est belle et la mer est calme.... Sans nous émouvoir, — comme les Oisillons de la Fable, — nous répondrons en nous moquant : Prophètes de malheur !

*
* *

Les peuples sont comme l'Océan.

Masse profonde, mobile, instable, qui se soulève au moindre souffle et s'agite perpétuellement, ils obéissent à des courants impétueux, les uns durables, les autres éphémères, qui s'entremêlent en tous sens et que le moindre obstacle irrite. Le fond s'abaisse ou se relève; la saison change, le vent tourne, la marée se renverse : au large, les flots se heurtent; les tourbillons se creusent en remous giratoires; des gerbes d'écume s'élancent vers les cieux.

Les vagues s'étreignent : la plus forte bondit, entraîne la plus faible, et, s'orientant soudain, s'en va, majestueuse, largement étalée, déferler sur les plages ou saper les falaises.

Il arrive parfois que la lame vaincue se dérobe, plonge, disparaît et s'enfuit, rase les profondeurs, roule, désespérée, rassemble ses efforts et concentre sa rage.

Nul ne l'a vue venir : elle a tout dévasté !

Lame de fond, l'horrible tourmente de 1793, qui balaya la vieille société française avec la monarchie ; lame de fond, la formidable secousse qui se prépare depuis cent ans, et qui, demain peut-être, engloutira notre civilisation trop vieille, trop raffinée, hypocrite, sans énergie, avec ses institutions bâtardes et précaires !

*

La Révolution n'a rien édifié, elle n'a su que détruire. Elle a sapé l'élite, sans que la masse y ait trouvé son compte, si tant est même qu'elle n'y ait pas perdu.

La bourgeoisie a pris la place de la noblesse, créant une aristocratie d'argent, plus tyrannique, plus rapace, et surtout plus nombreuse que n'avait jamais été l'autre, plus égoïste aussi.

Elle a tout pris pour elle, ne laissant à la plèbe que les os du festin à ronger, et de grands mots à répéter pour se distraire.

Les os ont mis le peuple en appétit; las des vains mots, il a fini par convoiter une proie plus sérieuse : trois fois, depuis cent ans, la tempête a jeté ses vagues déchaînées à la rencontre du flot vainqueur. Trois fois le flot vainqueur le courba sous sa loi, l'entraînant à l'assaut des dernières falaises.

Le peuple gronde encore : on l'amuse, on le fait patienter : l'Église, les ordres religieux, le drapeau, les gloires et l'armée sont des proies qu'on lui laisse.

Mais c'est trop peu pour lui! Il lui faut tout : il va jouer le tout pour le tout! Il court à la lutte finale. Dans ses obscures profondeurs, sa masse formidable se rassemble; sous la surface paisible roule une lame dévastatrice.

L'heure tragique est proche ... Nul n'y prend garde.

Nul n'y prend garde!

Une stupéfaction nous saisit quand l'histoire nous retrace les derniers soubresauts d'une civilisation expirante. En même temps qu'on s'entr'égorge, on s'abandonne aux excitations malsaines, aux plaisirs qui débilitent et qui énervent. Les tribuns, les histrions, les rhéteurs se partagent les applaudissements de la foule.

Quand Démosthènes hurle ses Philippiques, les Athéniens lui demandent des fables; quand les Gaulois entrent dans Rome, le Sénat délibère; quand Byzance succombe sous l'âpre assaut des Turcs, les Sages discutent gravement sur le sexe des Anges.

C'est la caractéristique de toutes les décadences que cette prédominance morbide des fonctions dévoyées de l'esprit sur les vertus du cœur et sur les énergies physiques. Le cerveau s'empare de toutes les forces de l'organisme, les applique sans trêve à des subtilités déprimantes où l'esprit se corrompt et s'étiole, où le cœur se dessèche, où la volonté s'atrophie. Le verbe s'épuise en vains mots. La pensée disparue n'engendrera plus l'acte : on parle, on n'agit plus. On se blase à la longue. Au jour du cataclysme, les clairvoyants abdiqueront eux-mêmes et céderont à la panique universelle. Dans la déroute de Chéronée, Démosthènes se débarrassait de ses armes pour alléger sa fuite. Quel exemple pour nos modernes intellectuels, qui ne sont pas des Démosthènes !

Dans le recul de l'histoire, de telles aberrations, de telles inconsciences nous semblent tenir du prodige. Les anciens en cherchaient l'explication dans la fatalité ; les philosophes athées les font dériver d'une justice immanente qu'ils seraient bien embarrassés de définir. Le dogme chrétien nous fait reconnaître en elles le résultat de nos iniquités, de nos désirs impurs, de notre orgueil impie : Dieu frappe de démence les peuples qui se détournent de lui. Dieu laisse croître en eux les germes de discorde avec les ferments vénéneux des jouissances. Ils courent en aveugles à leurs plaisirs, à leurs disputes.... Ils ne voient pas qu'ils vont au châtiment !

Car les peuples n'ont d'autre vie que celle de la terre ; et la justice divine, à qui l'homme rendra ses comptes après la mort, se doit à elle-même de frapper dès ici-bas les nations coupables. Et c'est pourquoi l'erreur est le châtiment de leurs fautes ; et c'est pourquoi la chute est au bout de l'erreur.

* *

Mais c'est en vain que l'histoire et le dogme nous éclairent. Nous avons pu discerner la paille aux yeux de nos ancêtres; la poutre que nous avons aux nôtres nous aveugle. Dans le sauvage emportement des passions contraires, ceux-là mêmes qui devinent le péril et qui voudraient le conjurer se sentent frappés d'impuissance. Le sentiment du devoir s'oblitère dans le chaos des lois partiales, intéressées et contradictoires, inspirées des besoins passagers de la lutte, non de la loi éternelle et suprême. La loi de l'homme s'insurge contre la loi naturelle, contre la loi de Dieu. Les partis au pouvoir accumulent les textes; les mots perdent leur sens, et gardent néanmoins toute leur autorité, leur force et leur prestige. La République n'est plus que la chose d'une faction : on opprime au nom de la liberté; la spoliation s'intitule reprise; l'anarchie se réclame de l'autorité; la contrainte s'impose, sous le déguisement du devoir. La Force est le suprême arbitre.

L'Armée est l'incarnation vivante de la Force : on fera de l'Armée l'instrument du désordre.

Abusés par les mots, tenus par leurs intérêts

de carrière ou par leurs ambitions, esclaves
d'une obéissance passive que la loi humaine
prétend imposer, — après en avoir refusé le
bénéfice à la loi divine qui ne songeait nullement à s'en prévaloir, — les chefs se laissent
intimider. Désormais, le devoir professionnel,
pour l'Armée, c'est, au gré du parti qui gouverne, l'œuvre politique, l'iniquité, le sacrilège
et la forfaiture, comme s'il pouvait être, en face
du devoir tout court, un autre devoir qui le
contredise et qui l'exclue !

*
*   *

A ces époques critiques, pourtant, on rencontre parfois des hommes dont le grand cœur
et la vertu sereine parviennent à triompher de
la terrible épreuve. Supérieurs aux événements,
se souvenant que la vie n'est qu'une lutte per-
pétuelle entre l'intérêt et le devoir, ils savent
discerner la vérité de l'erreur et reconnaître
le devoir; ils le proclament avec courage;
mieux encore, ils osent agir et n'hésitent
point à sacrifier ce qu'ils ont de plus précieux
et de plus cher, jusqu'à leur considération,
jusqu'à leur liberté, jusqu'à leurs affections,
jusqu'à leur vie, s'il le faut, pour rester fidèles

1.

à leur foi, à leur pays, à leur drapeau, à leur honneur.

Le monde les condamne généralement : il n'aime pas les leçons d'énergie. Par crainte de se compromettre, leurs amis affectent parfois de se détourner d'eux. Mais qu'importe ?

Un jour, effaçant les injustices, les affronts et les tortures, l'Histoire vengeresse fera de ces hommes des héros et des martyrs, tels saint Maurice et les soldats de la Légion thébaine !

Depuis quatre ans, l'Armée française commence à compter ses martyrs. Combien de temps lui faudra-t-il encore attendre les justes réparations qu'ils n'ont même pas escomptées ?

La Force et l'Anarchie sont en présence.

Ceci tuera cela !

J. M.

CHAPITRE Ier

PREMIÈRE ÉQUIVOQUE

L'instituteur et le soldat. — Une leçon historique.

Le soldat vaut ce que vaut l'homme, et l'homme vaut ce qu'on l'a fait. L'éducation première, reçue dans son enfance et dans sa jeunesse, réagira sur sa vie tout entière, et en particulier sur sa vie militaire.

Veut-on avoir de vrais soldats ? Il faut, avant tout, s'occuper de discipliner, de tremper fortement les caractères, et ce, dès que l'enfant commence à comprendre, à sentir quelque chose.

La famille, l'instituteur, les premiers patrons, ont, à cet égard, des devoirs impérieux.

Une école s'est formée en France, dans les milieux militaires. La thèse est toute à l'honneur de ceux qui la soutiennent. Leur but est simple : régénérer la nation par l'éducation militaire ; profiter du passage de l'homme sous les drapeaux pour le moraliser, lui inculquer les principes qui seront plus tard, pour lui-même et pour la nation tout entière, de puissantes sauvegardes.

Cette idée généreuse, partout chaleureusement accueillie, devait donner d'excellents résultats.

Et pourtant, une objection s'impose : Pourquoi l'armée doit-elle assurer cette éducation ? Elle n'existe donc pas en dehors du milieu militaire ? Comment se fait-il que des hommes de vingt ans, qui ont passé par la vie de famille et par l'école, soient si peu au courant de leurs devoirs moraux et civiques, que leurs officiers éprouvent le besoin de les en instruire ?

Et, par le fait, cette éducation, les officiers ont dû, de toute nécessité, l'inscrire dans leurs programmes. Elle faisait totalement défaut.

Mais, si quelque plus juste conception des attributions de chacun remettait chaque chose en sa place, si l'éducation morale de la recrue se trouvait complète dès avant l'incorporation, si, par chance, les officiers n'avaient plus qu'à canaliser, dans le sens militaire, des sentiments éveillés dès l'enfance et fortifiés dans la jeunesse, de combien se trouverait allégée leur

tâche, de jour en jour plus lourde, avec la réduction progressive des années de service !

Sur qui seraient-ils en droit de compter pour
leur épargner ce supplément de besogne, qui
n'est pas sans charme pour eux, certes, mais
qui absorbe une part trop considérable d'un
temps précieux ?

Sur la famille, sur l'école, sur les premiers
patrons.... Mais, hélas !

La famille ! Sans doute, c'est là que se donne
la meilleure éducation, quand elle s'y peut donner. Et c'est peut-être un avantage du paysan
sur l'ouvrier.

Le paysan, en dépit de la transformation naturelle des mœurs, mène une vie qui rappelle
encore, par certains côtés, la vie patriarcale.
La famille est groupée ; les intérêts sont les
mêmes ; les traditions subsistent ; le travail
exécuté en commun, dans de pareilles conditions, rapproche les individus, subordonne les
volontés, forme les caractères et les discipline.
Les enfants grandissent sous la tutelle directe
de leurs parents ; et ceux-ci sont directement
intéressés à bien élever ceux qui deviendront à
leur tour des rouages actifs de la petite société

dans laquelle ils sont nés, et qui, plus tard, ne vaudra que par eux.

L'industrie, les préoccupations courantes dans le monde des affaires, ont changé tout cela chez l'ouvrier et, malheureusement, pas seulement chez lui. Le père et la mère travaillent, — ou s'amusent, — chacun de leur côté. Dans les classes élevées, les enfants sont abandonnés à des mercenaires; dans le peuple, ils sont mis à la crèche, puis à l'école, — ou au ruisseau.

La mère ne tient pas la maison, — elle fait à peine la soupe, — ne soigne pas ses enfants, pas plus au physique qu'au moral, et abdique toute espèce d'influence éducatrice sur eux. Ils grandissent tout seuls, comme le grain jeté dans un terrain sans culture, voué bien vite à la dégénérescence.

La vie du siècle tue l'éducation et livre l'enfant, abandonné à lui-même, à tous ses mauvais penchants.

Lorsque l'adolescent commence à travailler, vers la treizième année, le patron qui l'emploie lui doit une véritable tutelle morale.

Hélas! il n'y a plus de patrons! Il n'y a plus que des actionnaires, représentés par des intermédiaires gagés dont le rôle éducateur est le dernier souci, comme il est, du reste, le dernier souci de ceux qui les paient.

Petit à petit, les liens qui unissaient l'ouvrier au patron se sont rompus. Le premier n'est plus, comme autrefois, le collaborateur fidèle du second. Ils sont maintenant ennemis déclarés. Les journaux sont pleins, tous les jours, du récit de leurs démêlés et de leurs luttes, qui se succèdent au grand préjudice de la prospérité, de la solidité, de la moralité même du pays. Ces luttes, l'État, le *Grand Tout*, les entretient avec un soin jaloux, portant, sous prétexte de réglementations, des atteintes scandaleuses à la liberté du travail. — Et il aspire à devenir l'État-patron !

Les temps ont marché : l'esprit de lucre, d'une part, l'esprit d'indépendance et de révolte, de l'autre, affranchis tous les deux de leurs dernières entraves, ne laissent plus à l'homme, pour mobile de ses actes, qu'un égoïsme profond et féroce, qui ruinera peu à peu, à tous les échelons de la hiérarchie sociale, les derniers ressorts de l'énergie nationale : l'esprit d'abnégation, de sacrifice, et le respect de l'autorité légitime.

La vie ouvrière se généralise. Le danger augmente donc à chaque instant. On ne fait pas remonter aux fleuves la pente qu'ils descendent. Mais il devient souvent nécessaire de leur opposer des digues.

Le patronat faisait faillite en même temps que périclitait la famille. Mais on a rendu l'école obligatoire. Que va-t-elle bien nous donner ?

En attendant qu'il s'arroge le monopole du travail et des emplois, l'État s'est constitué la famille universelle ; l'État a pris la responsabilité d'élever les enfants du pays tout entier. Il a ouvert ses écoles, dirigées par les maîtres qu'il a formés.

Cet événement considérable s'est produit, il y a vingt-cinq ans, à la faveur d'une phrase célèbre : « C'est le maître d'école allemand qui nous a battus en 1870. » Il est né d'une simple équivoque, non point fortuite, assurément.

Longtemps ce cliché nous parut complètement absurde. Nos soldats de la dernière guerre valaient bien les soldats allemands, la chose est avérée. Le maître d'école français n'eût rien pu pour nous donner la victoire : ses leçons ne portaient pas assez haut.

Mais, depuis, nous avons compris. La date seule est fausse. Le maître d'école allemand nous a battus en 1813, 1814 et 1815, parce qu'il avait rendu possible le magnifique mouvement populaire qui seconda les rénovateurs de l'armée prussienne après les désastres de 1806. Il n'a pas cessé, depuis ce temps, de continuer son œuvre éducatrice; il seconde encore, à l'heure actuelle, l'expansion pangermaniste; et si nous n'y prenons garde, favorisé par l'action délétère de l'instituteur français, le maître d'école allemand nous battra encore.

Quoi qu'il en soit, on admit, il y a vingt-cinq ans, qu'en effet nous étions en état d'infériorité vis-à-vis de l'Allemagne. Elle possédait déjà depuis le commencement du siècle l'instruction obligatoire : donc, en France, on fit les lois scolaires.

En vérité, nous ne manquions point d'écoles. Elles avaient donné d'assez beaux résultats; elles prospéraient, elles se développaient, elles s'étendaient et se ramifiaient pour satisfaire peu à peu à de nouveaux besoins. Elles avaient même l'avantage de ne point surcharger le budget national; mais elles avaient le grave défaut de n'être point conformes à la formule officielle.

On les condamna donc, et, faisant place nette, on se mit à bâtir sur de nouveaux plans.

Mais, tandis que le maître d'école allemand est un véritable éducateur, — tels ceux que nous possédions avant la réforme décidée, — tandis que tous ses efforts tendent à former le cœur plus encore que l'esprit de l'enfant, l'instituteur français, fonctionnaire indifférent, mais servile, est resté surtout un pédagogue, qui s'adresse moins au cœur qu'à l'esprit, moins à l'esprit qu'à la mémoire, et moins au bon sens qu'à la crédulité.

Est-ce sa faute? Non! c'est l'institution qui est défectueuse. Là encore, nous avons été victimes des mots, habilement détournés de leur vrai sens. C'est le maître d'école qui a régénéré l'Allemagne par en bas, en même temps que ses Universités la régénéraient par en haut. On a donc soumis la France au régime du maître d'école, ou plutôt de l'instituteur. — Et cette simple différence de vocables peint avec un symbolisme visible l'abîme qui sépare l'ancien magister de village, brave homme qui savait peu, mais pensait et aimait beaucoup, tout en corrigeant à l'occasion, du pédagogue actuel, coulé dans un moule rigide, plus ou moins guindé,

plus ou moins Homais, que ses succès d'examens, — et quels examens! — ont rendu vani-
teux, important, chez lequel la culture exclusive d'une mémoire superficielle a pour jamais
endormi la réflexion et le bon sens, et qui se
croit supérieur à une tâche dont il ne voit et ne
peut voir que les côtés purement matériels.

Il enseigne pour vivre et non pour enseigner.
Il partait de bas : on a voulu en faire un monsieur. Le budget ne permettait pas de bien
grandes largesses : il n'est resté bien souvent
qu'un déclassé, plein de dépit et d'amertume,
aigri par l'infériorité de sa situation pécuniaire
et sociale, qui ne lui permet pas de satisfaire
les besoins nouveaux qu'il s'est créés. Il peut
avoir le savoir-faire : il n'aura pas le dévouement. Pour comparer encore l'ancien et le nouveau langage, il aura des écoliers, sans doute....
des disciples, jamais!

Un jour, haineux et sacrilège, maudissant
une société dont il se croira la dupe, il sapera
les fondations de l'édifice à la base duquel on a
tracé sa tâche. Ce jour-là, dénonçant, reniant
la patrie, il prêchera l'internationale, la déser-
tion, la grève des réservistes, la révolte et l'assassinat des chefs. Ce jour-là, l'instruction uni-

verselle, telle que l'ont rêvée nos modernes sectaires, aura porté ses fruits.

Le maître d'école allemand, au contraire, est resté ce que notre magister était autrefois. On l'a seulement mis au point des transformations sociales.

Destiné à former des hommes, et surtout des soldats, on a voulu qu'il sût par expérience tout ce qu'il faut pour faire un bon citoyen, un soldat modèle.

Tandis que nos instituteurs étaient dispensés du service militaire, il y est resté, lui, rigoureusement astreint. Le système universel de décentralisation, qui, en dépit de certaines apparences, régit toute la constitution allemande, place le maître d'école dans le pays qui l'a vu naître, et ne lui donne d'autre contrôle que celui du curé, — ou du pasteur, — et des pères de famille. Car, — et tout est là, — il n'est, dans ce pays religieux où l'on a tout fait pour sauvegarder l'action morale des parents et des ministres du culte, — il n'est que le suppléant des uns et l'aide de l'autre. Il tient d'eux seuls toute son autorité. Il n'est rien par lui-même, et, surtout, il n'est pas une émanation de l'État.

Lire, écrire et calculer, il l'enseigne aussi,

sans doute, mais il fait mieux; il instruit l'enfant de ses devoirs actuels, de ses devoirs futurs.

Y pense-t-on chez nous? Il est à craindre, en tout cas, qu'on n'en parle bien peu.

Ne s'occupe-t-on pas un peu trop de ces fameux Droits de l'Homme, que chacun finit vite par connaître à merveille (très superficiellement, d'ailleurs), au détriment de la contrepartie logique : les *Devoirs*, créés par les droits du voisin, qui limitent les nôtres? Et n'est-ce pas par ceux-là qu'il eût fallu commencer?

On instruit très suffisamment dans nos écoles : trop, peut-être, à en juger par le nombre des déclassés qui préfèrent la misère des emplois à la rudesse des travaux manuels. On y ébauche à peine un semblant d'éducation, à moins, hélas! qu'on ne la donne complètement à rebours.

Or, ceci n'est point de médiocre importance. Un exemple historique, vieux de cent ans à peine, va nous suffire à le faire comprendre.

Après Iéna et Auerstædt, la Prusse se vit soudain réduite à néant comme puissance militaire.

En 1813, 1814 et 1815, pourtant, elle pouvait

lancer contre nous des effectifs considérables, parfaitement instruits, disciplinés, pleins d'ardeur et d'endurance, bien encadrés, bien commandés.

Aux termes des traités, elle n'a pu, de 1806 à 1813, entretenir sous les armes que 42,000 hommes de troupes permanentes. Comment comparer ce chiffre avec les effectifs qu'elle put mettre en ligne au bout de cette période de sept ans seulement?

L'histoire nous dit que le baron de Stein, Hardenberg et Scharnhorst éludèrent la difficulté en réduisant à six mois le temps de service. Mais comment, en six mois, ont-ils pu faire les soldats qui vainquirent les armées de Napoléon? Tel est le problème qu'il nous faut résoudre. Nous savons bien qu'avec un noyau solide et permanent, on peut, à la rigueur, encadrer des troupes hâtivement instruites. L'explication ne peut, cependant, que nous satisfaire en partie; et, de fait, il y a autre chose.

La Prusse trouva effectivement des cadres dans les débris de son armée détruite. Elle généralisa le système du service intermittent, partiellement employé depuis longtemps chez elle, en limitant à six mois la durée de la première période, et trouva, dans sa puissante organisation familiale et scolaire, le moyen de consacrer ces six mois à la besogne exclusive de l'instruction militaire.

Grâce aux excellentes leçons que recevait la jeunesse, au foyer, dans les écoles et dans les gymnases, comme dans les universités, grâce à la mission sociale et patriotique bien comprise des parents, des maîtres et des professeurs, l'éducation morale et civique, l'éducation militaire même, étaient assurées *de plano*.

La Prusse dut de réussir au formidable élan de patriotisme éclairé qui groupa, autour de la patrie prussienne d'abord, et plus tard autour de la patrie allemande, tous ceux qui se réclamaient de cette patrie, et qui se plièrent avec enthousiasme, confiance et discipline, à toutes les nécessités d'un système militaire dont les charges, brusquement généralisées, devaient sembler bien lourdes à cette époque de privilèges et d'exceptions.

Elle dut de réussir au désintéressement, au coup d'œil, à l'énergie de ses hommes d'État, aux irrésistibles élans de ses poètes — Arndt, pour n'en citer qu'un — à l'incroyable ténacité de ses sociétés, — Tugendbund et autres, — qui, fondées bien souvent contre la volonté du souverain, eurent du moins assez d'esprit de discipline pour le seconder malgré lui.

Et, si toutes ces forces convergèrent avec un tel ensemble vers ce but : la constitution d'une armée vengeresse, dans des conditions que l'on eût auparavant considérées comme impossibles ; si, en un mot, sept ans après sa défaite et sa ruine, la Prusse put enfin prendre sa revanche et rétablir sa réputation militaire ; si, moins de soixante ans plus tard, elle a pu, de nouveau, triompher de nos armes, c'est à son système d'éducation qu'elle le doit en très grande partie, système qui lui permit de ne s'occuper, pendant le passage du contingent à la caserne, que d'une seule chose : l'instruction militaire proprement dite, la technique du métier.

Le reste n'était plus à faire : l'entraînement physique, la valeur morale, tout cela existait en dehors de l'armée, admirablement entretenu par des institutions solides, et ne demandait plus qu'à se développer, qu'à se canaliser dans le sens des vertus militaires.

Nous n'avons adopté le service universel que dans le dernier tiers du XIX⁰ siècle, après une guerre malheureuse. Trois fois, déjà, nous

avons vu réduire le temps de service. On le ré-
duira très probablement encore.

C'est la situation de la Prusse après 1806.
Nous avons cru voir comment le maître d'école
allemand nous avait battus ; et nous nous sommes
mis au régime du maître d'école....

Hélas ! nous avons pris le contre-pied !

Pour les désastres prochains qui menacent la
France, point ne sera besoin du maître d'école
allemand : l'instituteur français suffira.

L'hervéisme a passé par là !

CHAPITRE II

LA GENÈSE D'UN CONFLIT

L'officier. — La charte de l'armée. — La manœuvre
maçonnique.

C'est le fait de toutes les époques troublées
de jeter sur les questions les plus simples une
confusion qui les complique étrangement. Dans
le perpétuel conflit des passions contraires, les
principes se faussent, les vérités s'altèrent, les
axiomes s'oublient. Aux intérêts lésés se heurtent les appétits égoïstes; les soucis de l'heure
présente relèguent au second plan les graves
problèmes de l'avenir. La force accable le bon
droit; ceux qui se réclament du bon droit se
contentent des arguments, des moyens et des
armes que le hasard leur suggère. Les erreurs,
les fautes s'accumulent, entassant les ruines;

et le véritable vaincu de ces luttes fratricides où chacun se bat pour sa peau, c'est, en définitive, toujours le bien public.

Les plus néfastes de ces luttes ne sont pas nécessairement celles où le sang coule. Le sang versé possède une vertu singulière : sur le sol qu'il arrose, il fait germer les héros qui combattent et les chefs qui les conduisent.

Mais il est d'autres luttes où la parole se substitue aux actes, où les papiers accusateurs tiennent lieu d'armes meurtrières. Ces luttes-là sont les plus déprimantes : elles usent toutes les énergies, paralysent tous les élans, ruinent tous les prestiges ; et le vainqueur en souffre autant que le vaincu.

C'est alors que survient le troisième larron de la fable.

On se dispute ferme à cette heure, en France, et les esprits s'échauffent :

A qui doit échoir la garde de nos frontières? A l'armée de la France?.... A celle de la République?.... Si le débat vient à se prolonger, nos frontières pourraient bien finir par tenter quelque astucieux voisin, réveillé par le bruit de la querelle.

Il est grand temps de nous ressaisir, de régler bien vite un différend qui n'a que trop duré. Les partis ont perdu tout sang-froid ; les arguments s'en ressentent ; la discussion en souffre, et le pays aussi.

Il est grand temps d'oublier nos discordes et nos rancunes, de récupérer notre calme, de remonter hardiment aux principes. Avec un peu de bonne foi de part et d'autre, le débat n'est peut-être pas sans issue.

Mais, tout d'abord, il importe de le préciser, ce débat. Ce ne sera ni long ni difficile : Comme le loup s'introduit dans la bergerie, la politique est entrée dans l'armée.

A qui la faute ? — Nous éluciderons cette question tout à l'heure. Reconstituons simplement les faits ; les responsabilités se dégageront d'elles-mêmes.

Vingt-cinq ans d'une paix inquiète et laborieuse, succédant à d'horribles revers, nous avaient fait une armée magnifique, admirablement encadrée, pleine de foi, instruite et courageuse, dont nous pouvions à juste titre nous montrer fiers. Malgré la multiplicité voulue de ses origines, son corps d'officiers, — c'est proprement le moteur du mécanisme et tout dépend de lui, — se présentait comme une élite homogène et solide, pleine d'ardeur pour le travail. Issus des milieux les plus disparates, ils constituaient un tout harmonieux, un ensemble compact; non point, certes, qu'en les initiant au métier militaire, on les eût façonnés sur un moule uniforme : jamais, peut-être, une tâche commune n'avait groupé d'individus plus étrangers les uns aux autres par le niveau social, l'éducation, la conception, même, de l'idéal. L'aristocrate y coudoyait le paysan ; le descendant des émigrés tutoyait le petit-fils des régicides; fils d'ouvriers ou de bourgeois, de nobles ou de commerçants, libres penseurs, protestants et catholiques fraternisaient gaiement, se respectaient l'un l'autre, et s'estimaient sans arrière-pensée.

La communauté de l'existence et du labeur, la concordance des applications et des efforts, l'unité du but poursuivi, créaient entre eux des liens d'une force invincible. Conservant strictement, dans leur vie intime et même dans la vie mondaine, chacun leur personnalité, ils se retrouvaient tous, vibrant à l'unisson, dans leurs relations de camaraderie comme dans le

service, et surtout dans l'amour de leur mission sacrée.

Celui-ci penchait pour la République, celui-là
en tenait pour la Monarchie, un troisième rê-
vait peut-être d'un Empereur et de grands
gestes héroïques. L'un s'enorgueillissait des
progrès, des conquêtes et des lumières de son
siècle ; d'autres, avec un peu de mélancolie, se
remémoraient l'épopée napoléonienne, les belles
manières du grand siècle, voire les bons temps
féodaux. — Ils ne s'en cachaient guère, au surplus, sûrs qu'ils étaient les uns des autres. —
Par tout cela, ils étaient hommes.

Mais ils plaçaient au-dessus de tout le don
joyeux qu'ils avaient fait, de leurs corps et de
leurs âmes, au service de leur pays, à la mise
en valeur du lourd outil de guerre. — Et, par
là, ils étaient soldats.

Arrivant tous avec leurs atavismes, leurs
goûts et leurs croyances, leur éducation propre,
leur formation particulière, sans qu'aucun joug
eût déprimé leurs énergies natives, ils appor-
taient à l'armée nationale les éléments les plus
opposés, les facultés les plus diverses ; — n'é-
tait-ce pas décupler ses ressources ? — Ils ap-
portaient aussi le fier amour du sol, le respect

du passé, le souvenir ému des grandeurs et des gloires communes, le culte, en un mot, de tout ce qui fait le patrimoine du pays. Et, pour assurer l'avenir, prêts à toutes les abnégations, à tous les dévouements, à tous les sacrifices, ils consacraient à la tâche qu'ils s'étaient généreusement, noblement imposée, toutes leurs forces et toutes leurs lumières, toute leur âme et tout leur cœur, toute leur vie par-dessus le marché. Se réservant tout entiers pour la défense de la patrie, pour la guerre, ils regardaient de haut les luttes des partis et s'y intéressaient, sans doute, mais ne s'y mêlaient point.

Ces gens-là ne faisaient pas de politique : supérieurs aux événements, étrangers aux factions, rebelles à tous les entraînements où le pays s'égare, se sentant à l'abri des fluctuations possibles du pouvoir, sûrs que rien ne viendrait les troubler dans leur austère mission de chiens de garde, ces gens-là n'étaient pas des officiers républicains, encore bien moins des officiers réactionnaires : ils étaient tout bonnement des officiers français.

D'où leur venait cette sérénité ? D'où tiraient-ils cette certitude ? Voilà ce qu'il importe de rappeler, parce que, en dehors de l'armée, comme aussi dans l'armée elle-même, on a fini par l'oublier; et la crise actuelle tient toute dans cet oubli, qui ne fut pas involontaire pour tout le monde.

Pour répondre à cette double question, il nous faut faire un retour en arrière, et nous représenter l'état d'esprit qui présida à la reconstitution de l'armée française au lendemain de la dernière guerre.

La France était vaincue, épuisée, mutilée. Chacun battait sa coulpe. Avant, tout aussi bien que durant le conflit, les négligences, les erreurs avaient été nombreuses, l'ignorance et les fautes avaient été grossières. Nul n'avait rien su prévoir. L'organisation, l'instruction, la direction, le commandement de l'armée, avaient déçu toutes les espérances. La paix, pour chèrement achetée qu'elle fût, restait incertaine et précaire. On sentit donc l'absolue nécessité de faire appel à toutes les bonnes volontés, plus encore, à toutes les forces disponibles, pour tenir en respect le vainqueur, et pour préparer la revanche; — car, en dépit d'un mot hypocrite et célèbre, on ne parlait que de cela.

C'est de là qu'est sorti le grand principe du service militaire universel, consacré par la loi de 1872. L'impôt du sang s'étendait à la nation tout entière. — Est-ce un bien? est-ce un mal? Nous n'avons point à le discuter ici. — Il impliquait, pour tous les citoyens, le devoir strict d'y participer dans la mesure de leurs moyens propres; il impliquait aussi, et très logiquement, le droit, qui en découle, de servir leur pays dans les postes plus ou moins élevés où leur vigueur, leur caractère et leur culture leur permettraient de prétendre. Devant le péril national, et sous la seule réserve qui précède, les droits et les devoirs de tous étaient dorénavant les mêmes. — C'est la théorie, absolument démocratique, de l'égalité devant l'impôt, et de l'universelle accessibilité des charges.

Des considérations non moins puissantes firent affirmer le principe plus énergiquement encore quand il fallut songer au recrutement des cadres, surtout des cadres supérieurs. On ne pouvait oublier la critique qui pesait, à tort ou à raison, sur les officiers de l'Empire. On leur avait reproché d'être trop les serviteurs d'un régime, d'un homme, voire même d'une cour, et pas assez ceux du pays. On se rappelait le désarroi de cette malheureuse armée de Châlons, dont le chef demeurait inactif, tiraillé en tous sens par les ordres intéressés et contradictoires qui lui venaient de trois sources différentes ; on se rappelait les desseins ténébreux de Bazaine et les hésitations de Trochu, et, plus que tout, le coup d'État du Deux-Décembre. Il fallait, à tout prix, soustraire le haut commandement aux préoccupations dynastiques ou politiques, le placer dans une atmosphère calme, pure et sereine, arracher l'armée à l'influence de passions qui ne pouvaient que la démoraliser. Et cette nécessité se révélait d'autant plus impérieuse que le gouvernement d'alors ne semblait pas encore définitivement établi. — Il suffit, pour s'en convaincre, de se représenter ce qu'était l'Assemblée nationale, et de se souvenir qu'en 1873, et plus tard, au Seize-Mai, puis encore à l'époque du boulangisme, les destinées de la France furent sur le point de s'orienter vers des directions bien différentes de celle qu'elles suivent aujourd'hui.

Le dogme de la neutralité politique de l'armée s'imposait donc. Elle devait rester neutre pendant la paix, pour que rien ne pût la détourner de la seule préoccupation qui lui fût

permise, — la préparation à la guerre, — et pour
que nulle besogne louche ne vînt porter atteinte à
son « loyalisme », — terme qui perd toute espèce
de sens quand on veut l'appliquer à un gouvernement forcément transitoire dans ses tendances, si ce n'est dans sa forme. — Elle devait
rester neutre pendant la paix, pour que rien ne
vînt disperser ses forces, diminuer sa valeur et
discréditer son prestige, pour qu'au jour de la
guerre, sûre de la confiance universelle, et sûre,
avant tout, d'elle-même, elle pût discerner clairement son patriotique devoir et l'accomplir en
toute sérénité, sans une défaillance, le régime
dût-il sombrer derrière elle.

Se figure-t-on, grand Dieu! l'armée de l'Empire, interprétant son loyalisme à la façon de nos
sectaires contemporains, tournant le dos à l'ennemi, et marchant contre les hommes du Qua-
tre-Septembre, pour demeurer fidèle au régime
établi? Et pourtant, n'était-elle pas en face
d'une révolution faite en présence de l'ennemi?

C'est donc sur ces bases que fut conclu le
« Pacte », tacite peut-être, mais consenti par
tous, explicite, et désormais historique, imprescriptible, le pacte qu'on dénonce impudemment

aujourd'hui, sans résiliation concertée, sans avertissement préalable, sans équitable compensation, le pacte qu'on déchire, au préjudice de ceux qui l'ont toujours loyalement, scrupuleusement observé, — dix ans de machinations restées impunies le prouvent, — au préjudice des intérêts vitaux de la nation.

On disait aux jeunes Français :

— Nous avons besoin de vous tous, parce que, entre vous tous, il nous faut faire un choix judicieux, indispensable si nous voulons donner à l'armée les chefs énergiques et capables qui l'instruiront et qui la conduiront un jour à la bataille. Avez-vous quelque répugnance à servir un régime que vous pouvez ne pas aimer, que vous réprouvez, dont vous souffrez peut-être? Venez quand même! Vous ne servirez pas le régime; vous serez à la solde du pays, dont vos parents et vos amis assurent les ressources au même titre que nous-mêmes. Quand on débat le prix du sang, on ne s'attarde pas à de vains marchandages : gardez vos affections, vos opinions, vos convictions et vos croyances; restez les maîtres de votre vie privée; soyez dévots ou libres penseurs, peu nous importe! Tout ce que nous vous demandons, — et nous l'exi-

geons au nom du pays tout entier, — c'est que
nul acte de votre vie publique ne vous soit inspiré par l'esprit de parti ou de prosélytisme.
Soldats vous êtes : soldats vous resterez. Pour
maintenir votre neutralité en dehors de nos
querelles, nous avons supprimé le serment.
Pour vous rendre la tâche plus facile, pour vous
épargner jusqu'à la tentation de prendre part à
nos luttes électorales, nous vous retirerons ce
bulletin de vote, qui fut peut-être un don fu-
neste pour nos aînés.

— Par une juste réciproque, nous nous enga-
geons, dès maintenant et pour toujours, à ne
rien vous demander qui soit contraire à cette
neutralité rigoureuse. Indifférents aux querelles
des partis, spectateurs impartiaux des actes du
gouvernement, vous serez à tout jamais étrangers à sa politique intérieure, pour laquelle il
n'a pas à compter sur vous. Vous n'êtes pas l'armée du parti qui gouverne; vous êtes l'armée
de la France, et vous êtes à tous les Français.

Telle fut la *Charte de l'armée*, simple con-
sécration d'un véritable Concordat militaire [1].

(1) Dont il faut faire remonter l'origine aux lois organiques
et de garantie, élaborées sous la Restauration et la monarchie
de juillet, et toujours en vigueur.

Le pacte était si clair, si net et si palpable, que, jusqu'à maintenant, nul n'avait essayé d'aller contre. Le démontrer serait facile; il suffit de citer un fait :

Quand la démocratie triomphante eut jeté bas l'*Ordre moral*, le sectarisme intolérant des vainqueurs se donna vite libre cours : alors, déjà, on fit la guerre aux ordres religieux; on persécuta l'enseignement libre; on commença d' « épurer » les administrations et la magistrature; on n'osa pas toucher à l'armée.

A quoi tenait cette réserve, qu'on a jugée sans doute excessive aujourd'hui? Simplement à ceci, que le pacte était par trop récent encore, que tout le monde l'avait présent à la mémoire, et qu'on n'aurait pas pu le violer impunément. Soyons plus généreux : admettons que la crainte ne fut pas seule à faire triompher la sagesse; une seule hypothèse subsiste, celle du scrupule : le gouvernement d'alors jugeait indigne de lui le fait de passer outre, et criminel envers la France l'ordre (1) qui eût jeté l'armée dans la

(1) L'effet produit en France par la ridicule équipée de Frigolet, et par le refus d'informer du général Davoust, à propos d'un officier qui avait refusé son concours à une opération du même genre, suffisent à caractériser l'état d'esprit qui régnait à

mêlée politique, qui eût rendu par là même à chacun le droit d'agir au gré de ses préférences personnelles. La solidarité des régimes qui se succèdent dans la gestion des affaires d'un pays est, en effet, un principe intangible, hors duquel il n'est plus de stabilité pour les États, plus de sécurité pour les personnes. Au même titre que les dettes inscrites au Grand Livre, le pacte restait imprescriptible, et, durant près de trente ans, nul ministère n'osa répudier les obligations héritées avec le pouvoir.

D'autres idées devaient, hélas! prévaloir un jour. C'est une des caractéristiques propres à tous les despotismes révolutionnaires, que de créer une confusion volontaire entre l'intérêt public et les intérêts du parti qui triomphe. Nos maîtres n'y ont point manqué. C'est avec les mots qu'on gouverne les foules : quand les idées s'embrouillent et que les souvenirs s'obscurcissent, les mots acquièrent une déconcertante valeur : le mensonge leur emprunte une séduction fascinatrice, et les intrigants ont beau jeu.

cette époque, dans le pays et dans l'armée, sinon dans les sphères gouvernementales, où la prudence dut tenir lieu de sagesse. Le moment était mal choisi : on se le tint pour dit.

Lorsque, endormies sur la foi des traités, la France et son armée eurent à peu près oublié les conditions du pacte, le « Bloc »,

.....Puisqu'il faut l'appeler par son nom,

le Bloc, sous prétexte de défense républicaine, ourdit ce noir complot : Prendre à la France son armée.

Le motif? Il est simple. Le Bloc avait mis le pays en coupe réglée, mais il avait grand'peur. On a beau tenir le suffrage universel avec des chaînes d'or, il y a, dans l'opinion publique, des revirements soudains et redoutables, auxquels ne résistent jamais les *Immortels Principes*, et encore moins les ministères; et, dans ce cas, la force armée peut être d'un grand secours à qui sait s'en rendre maître. L'œuvre imposée par les Loges était assurément scabreuse et risquait fort d'être impopulaire; — les premières exécutions l'avaient surabondamment prouvé; — des mouvements protestataires, des résistances violentes étaient à craindre; il fallait être les plus forts. Et puis on prête si facilement aux autres les noirs desseins dont on se sent capable! Cette armée que convoitait le Bloc, la Réaction ne songeait-elle pas à l'accaparer, elle aussi, peut-être? De quel côté pencherait la Force, si on lui laissait la liberté du choix?

Doute gratuit, autant qu'injurieux, sans doute; il n'excuse rien, mais il s'explique, tellement il nous montre bien le sinistre Bloc conscient de sa fourbe et de son discrédit.

Les gens du Bloc se disaient aussi : L'armée, c'est l'instrument de la guerre, et la guerre est fatale aux régimes de hasard comme le nôtre. Pour éviter la guerre, paralysons l'armée! — Quand on ne veut pas que son chien morde, on le muselle.

Et, tout doucement, d'abord, l'armée se vit faire des avances coquettes : Marianne aguicha les *arrivistes*, — il y en a partout! — et molesta quelque peu les délicats qui dédaignaient ses faveurs. Sans avoir l'air de rien, elle commençait à établir ses contrôles :

Non licet omnibus adire Corinthum !

Puis, à défaut d'amour, elle imposa l'hommage; après l'hommage, elle exigea des gages plus sérieux de fidélité; elle requit l'armée pour de louches services, prétendit l'asservir à des besognes dégradantes, réservées jusqu'alors à la basse police. Il y eut quelques timides résistances.... Vouant désormais une haine implacable aux fiers soldats qui refusaient de se laisser corrompre, elle se prit à ruminer froidement sa vengeance :

— Quand on veut tuer son chien, on commence par dire qu'il est enragé.

Delenda Carthago!

Et l'on ouvrit le second registre....

Nous ne nous abaisserons point, certes, à relever, à discuter les ignobles dénonciations qui eurent à la tribune de la Chambre, et dans toute la presse, un écho si retentissant. La pauvreté, la mesquinerie, le ridicule et l'odieux des allégations, haineuses ou mensongères, contenues dans les fiches, anonymes ou signées, du Grand Orient *de France* (??) n'ont pas besoin d'être soulignés. Tout le monde en a fait justice, même ceux-là qui devaient *se ressaisir* après le premier mouvement de surprise, de stupeur, de terreur et de honte.

Le Lion, prêt à conduire les animaux à la bataille, estimait sagement que le concours d'aucun de ses sujets ne serait superflu pour assurer la victoire.

La Fontaine, qui nous propose cet exemple,

n'était pas un fervent républicain, sans doute....
Mais où donc le gouvernement veut-il bien nous conduire?

Il y a quinze ou vingt ans, on eût traité de fou quiconque se serait permis de formuler une question pareille. A travers les conflits d'opinions et les premiers scandales du régime, l'armée passait, la tête haute, indemne de toute éclaboussure. L'affaire des décorations ne l'avait pas atteinte; le boulangisme, lui-même, s'il avait pu l'émouvoir, n'avait pu l'entamer. Au reste, les événements se chargeaient, à chaque instant, de la rappeler à des préoccupations plus graves que celles de la politique : les campagnes de Tunisie et du Tonkin, d'abord, puis de multiples incidents de frontière, — parmi lesquels la retentissante affaire Schnœbelé, — coïncidant avec l'avènement de Guillaume II et le frisson d'inquiétude qui courut alors d'un bout à l'autre de l'Europe, ne laissaient guère de prise aux tentatives de l'intrigue. C'est à cette époque que l'esprit militaire acquit dans l'armée, et, hors d'elle, dans la nation, son développement le plus magnifique.
Faut-il rappeler les élans de patriotisme qui

soulevaient le pays tout entier, qui le faisaient consentir à de nouveaux sacrifices pour augmenter le nombre de ses soldats et pour leur procurer des armes nouvelles? Faut-il redire les impatiences fébriles qui crispaient, sur leurs bancs de collège ou d'école, des enfants de quinze ans, dont la seule crainte était d'arriver trop tard, tandis que d'autres, un peu plus âgés, s'engageaient bien vite? Combien nombreux furent-ils, ceux-là, qui, rebutés par la longue préparation que réclament Saint-Cyr et Polytechnique, s'en furent, tout de suite, endosser le sac, pour être prêts à tout événement? Et, qu'on ne l'oublie pas, ces enfants de quinze ans, ces jeunes gens de dix-huit à vingt ans forment l'immense majorité des officiers d'aujourd'hui. S'il en est parmi eux que les énervements d'une trop longue attente, que les déceptions causées par le perpétuel recul du but ont fini par décourager, — peut-être même par démoraliser, — les autres, du moins, — et c'est le plus grand nombre, — n'ont pas cessé de croire à la nécessité, à la noblesse, au caractère impérieux et sacré de leur tâche. Et si la Grande Muette, comme on l'appelle, reste en apparence insensible aux affronts les plus sanglants qu'on se plaît à lui

3.

infliger, aux attentats les plus odieux qui se
trament contre elle, aux outrages dont on l'a-
breuve, aux tortures dont on la persécute, c'est
que, fidèle au pacte, même quand elle en doit
être la dupe, elle entend ne se départir en rien
de la réserve indispensable au rôle qu'elle s'est
assigné.

Malheureusement, cette réserve, qui devait
être son salut, allait favoriser les entreprises
ténébreuses de ses ennemis, — ceux du pays,
— en l'empêchant de prendre garde à leurs
menées souterraines.

Car, — il faut l'affirmer, puisque bien peu
semblent s'en douter encore, — le pacte ne fut
pas violé tout d'un coup. L'affaire Dreyfus, elle-
même, ne fut que l'explosion partielle d'une
machine infernale qui se préparait dans l'ombre.

La franc-maçonnerie avait trouvé dans la formule républicaine un incomparable bouillon de
culture. Merveilleuse illusionniste, sachant fleu-
rir et dorer ses chaînes, elle était parvenue à
convaincre ses esclaves qu'elle était la liberté.
Asservissant ses adeptes inférieurs sans les
mettre dans la confidence de ses desseins se-
crets, rêvant déjà d'étreindre la France tout

entière sous les suçoirs de ses tentacules, elle
étendait de tous côtés ses ramifications. Mais
elle avait flairé l'ennemi dans cette armée, vraiment nationale, où tout se passait au grand
jour, qui gardait avec un soin jaloux ses lois de
garantie, ses codes, ses traditions et son honneur; où tous les intérêts, toutes les passions
s'inclinaient devant l'unique passion du devoir
et du sacrifice, et qui marquait, l'une après
l'autre, les générations de son ineffaçable empreinte. Et c'est pourquoi elle décida sa perte
dès le premier jour. On peut dire, sans erreur
possible, que toutes les lois scolaires et militaires du régime, — sauf pourtant celle de 1872,
et pour cause, — que toutes les mesures qui en
ont, peu à peu, modifié, faussé les applications,
n'ont eu qu'un but, sous leur hypocrite apparence de réformes démocratiques : mettre l'armée dans une situation telle, qu'il lui serait
impossible de rester elle-même, qu'elle y per-
drait la foi, l'amour du métier, le respect de la
discipline, le culte du Devoir, de l'Honneur et
de la Force; telle que, travaillée par les influences
délétères de l'intérêt, de l'ambition et de la politique, elle cesserait d'être un obstacle au développement de la secte immonde, dont elle re-

cevrait, à son tour, l'empreinte dégradante, dût-
elle cesser, en même temps, d'être un obstacle
aux entreprises de l'ennemi.

La franc-maçonnerie avait peur : peur de voir
limiter ses ravages, peur aussi, peut-être, de se
heurter un jour à la Force.

Et si nous pouvions conserver un doute sur
la réalité d'une trahison aussi froidement con-
sentie et cyniquement préméditée, les travaux admirablement documentés par lesquels
M. Georges Goyau nous éclaire sur les menées
internationales de la franc-maçonnerie, dès le
milieu du xix° siècle, suffiraient à le faire
tomber.

Pour mieux déguiser son projet, l'hypocrisie
maçonnique feignit de se passionner, elle aussi,
pour la revanche.

Depuis longtemps elle cherchait à imposer
au pays cette instruction universelle qui, sous
prétexte de relever, par la culture, le niveau
intellectuel et moral du peuple, et de doubler
sa force productrice, n'avait, en réalité, qu'un
but, inavoué parce qu'inavouable : mettre la
masse votante et crédule à la merci de la propagande effrénée que l'on se préparait à faire

par le journal, la brochure, le livre et l'affiche.

Nos désastres de 1870 lui fournirent l'occasion qui lui manquait ; elle lança la phrase célèbre : — c'est le maître d'école allemand qui nous a battus ! — La conclusion s'imposait immédiatement pour les esprits superficiels, et pour le peuple, toujours avide de ce qui lui paraît propre à l'élever un peu, — en attendant qu'il s'en lasse. — Ce fut l'instruction obligatoire universelle, sous la haute tutelle de l'État. Sous couleur d'éclairer la masse, en même temps qu'on l'arrachait à l'influence dite cléricale, — dangereuse aussi, parce que singulièrement propre à retremper les caractères, — on creusait une première mine sous les fondations de l'édifice national. A dater de ce jour, l'œuvre lente de destruction allait progresser toute seule.

La mauvaise foi se trahit ici de toute évidence. L'équivoque était double :

D'abord, il n'est pas vrai que nos désastres soient imputables à la supériorité relative de l'instruction primaire chez le soldat allemand. C'est bien assez, pour les expliquer, de nos imprévoyances, des tendances pacifistes qui commençaient déjà à se manifester chez nous, et de la formidable poussée de l'impérialisme allemand soutenu par la cohésion nationale, la préparation à la guerre et la volonté tenace d'une politique sans scrupule, mais habile. Encore faut-il reconnaître que les vainqueurs ont accumulé, dans cette guerre, des erreurs et des fautes qui auraient pu leur coûter cher en d'autres circonstances.

En second lieu, si le maître d'école fut pour quelque chose dans le triomphe de nos ennemis, ce fut, nous l'avons dit, moins comme pédagogue que comme éducateur. Sa formation professionnelle, complétée par le service militaire, auquel il est rigoureusement astreint, constitue pour lui une épreuve décisive, qui le confirme dans le respect de l'autorité, le sentiment du devoir et les vertus patriotiques. Le maître d'école allemand est toujours l'homme qui préparait, après 1806, sous l'énergique impulsion du baron de Stein, d'Hardenberg et de Scharnhorst, les soldats de six mois avec lesquels Blücher devait nous battre en 1814 et 1815. Et c'est ainsi que la Prusse, contrainte par Napoléon Iᵉʳ à réduire son armée permanente au chiffre de 42,000 hommes, avait résolu le difficultueux problème du service militaire universel et de courte durée.

Or, l'instruction publique, telle qu'elle fut

organisée chez nous, est justement le contre-
pied de ce qu'elle fut, de ce qu'elle est encore,
chez nos voisins. L'instituteur, de ce côté-ci
des Vosges, n'exerce plus un sacerdoce, mais
une fonction déléguée par l'État. Il est un rouage
de ce *Grand Tout* vers lequel s'achemine le
socialisme. Il n'a jamais eu l'occasion de rai-
sonner, de contrôler, de vérifier la doctrine
dont il est le prêtre aveugle et sectaire. C'est
un pédagogue bourré de notions, vide de sentiments comme de connaissances ; et c'est, en
même temps, — en dépit de toutes les dénéga-
tions officielles, trop suspectes, — le surveillant
politique de la commune et l'agent raccoleur
des bulletins de vote. Si l'on considère aussi
que la famille, supplantée par l'État, s'est bien
vite désintéressée de l'éducation des enfants, et
que l'influence salutaire du prêtre est paralysée
de plus en plus par la diminution du sens religieux, on devine ce que l'instituteur peut faire
des générations qui passent par ses mains. Il
accapare les enfants au nom de l'État, — et nous
savons ce qui se cache derrière l'État, — il leur
enseigne leurs droits, vrais ou prétendus, laissant soigneusement tous leurs devoirs dans
l'ombre ; il leur enseigne l'antimilitarisme, l'in-

ternationalisme, la guerre civile et l'anarchie, comme on les lui a enseignés à lui-même dans les écoles normales de l'État, — pépinières d'éducateurs sans patrie et sans Dieu!

Au fait, il n'est même pas responsable : la faute remonte à ceux qui l'ont formé sciemment pour la besogne qu'ils attendaient de lui. Il n'est que l'instrument brutal et passif des désastres nouveaux qui menacent la France [1].

A ne considérer son influence délétère que dans l'action qu'elle exerce directement sur l'armée, nous sommes conduits à constater, dans les générations nouvelles, une désaffection profonde du devoir militaire. Le fait s'observe, du reste, dans les classes les plus élevées comme dans les plus basses, et les raisons en sont, à peu de choses près, les mêmes.

Le contribuable, de son côté, n'est que trop bien disposé à favorablement accueillir l'idée de la réduction, de la suppression même d'un organisme militaire qui lui coûte le tiers de

[1] Nous reconnaissons volontiers qu'il est, en assez grand nombre encore, des exceptions à l'état général que nous venons de décrire. Qu'on nous permette de rendre hommage, en passant, aux honnêtes, aux loyaux éducateurs qui ont su garder leur valeur native dans le milieu corrompu qui les entoure.

l'impôt qu'il paie.... Comme si cette part de l'impôt n'était pas une prime d'assurance indispensable contre les ambitions de l'ennemi ! Comme si les économies projetées sur le budget de la guerre, aussi bien que sur le budget des cultes, devaient jamais, dans l'esprit du gouvernement et des Chambres, entrer en défalcation de ses sacrifices !

Le service militaire est un devoir, donc c'est une gêne. C'est un sacrifice : donc, il n'en faut plus. Telle est la conséquence logique de la morale utilitaire, de la religion de la jouissance, des tendances purement individualistes auxquelles aboutit forcément la théorie socialiste ; et cette contradiction flagrante n'a rien qui puisse nous étonner dans un système où les contradictions fourmillent. Le socialisme détruit naturellement le lien social et, avec lui, la compréhension même des devoirs que l'homme contracte, dès sa naissance, envers ses semblables.

Nous n'insisterons pas outre mesure sur ces constatations. Il nous suffit d'avoir enchaîné les faits. Ils sont actuels, ils sont palpables, et tout le monde peut les toucher du doigt, pour ainsi dire. Nous ajouterons seulement que c'est dans cette désaffection générale qu'il faut chercher les véritables causes, — purement électorales, — de la réduction progressive du service militaire. Cette désaffection s'est traduite, depuis longtemps, par le développement anormal, et calculé, des carrières dites libérales et des industries d'art, qui conféraient jusqu'à présent l'avantage de la dispense, et auxquelles nous devons un si grand nombre de *ratés*. Les conditions requises se sont faites, chaque année, plus larges, et l'on peut, présentement encore, se rendre compte de l'à-propos avec lequel un grand nombre de jeunes gens de dix-huit à vingt ans se sont engagés sous le bénéfice de l'article 23 de la loi de 1889, pour esquiver les obligations prochaines du service de deux ans. On trouvera bien aussi des accommodements avec la loi nouvelle. Dirons-nous enfin que la plupart des engagés volontaires de trois ans n'ont jamais eu qu'un souci : — se débarrasser plus vite d'une corvée désagréable ; — et que les conseils de revision sont devenus petit à petit de véritables comités politiques où, malgré les résistances des membres militaires, les congés de soutien de famille, et la réforme définitive elle-même, sont offerts, comme des primes toutes naturelles, aux fils des électeurs qui connaissent le prix de leur voix? Où donc est le temps où la réforme, tare honteuse, inavouable, faisait obstacle à plus d'un mariage? Réformé, maintenant, on peut l'être, bien que parfaitement constitué!

Voilà les hommes que l'école a donnés à l'armée. Ce serait bien mal connaître la puissance occulte qui nous gouverne, que de nous l'imaginer capable de s'arrêter en si beau chemin. Encore une fois, les tendances généreuses de l'armée et de ses chefs allaient la conduire à sa perte. L'invisible ennemi veillait, prêt à se servir des concours les plus involontaires.

Dans l'armée et même hors de l'armée, les gens de bonne foi ne furent pas longs à voir quelles étranges recrues l'école nouveau style avait formées. Les instructeurs, débordés, s'acharnaient en vain sur une matière ingrate, inerte ou rebelle, qui ne rendait pas. La préparation première avait été déplorable; il était urgent d'y remédier.

L'un des premiers [1], vers 1891, le général

---

[1] Il nous est revenu que les protagonistes militaires de cette idée, généreuse, mais singulièrement imprudente, obéirent, à

Lyautey, dans un article retentissant de la *Revue des Deux Mondes*, préconisa l'éducation morale du soldat, faite par l'officier. Ce fut une révélation. Un magnifique élan d'enthousiasme lui répondit dans tous les corps de troupes ; et la France tout entière applaudit à ce mouvement généreux, sans réfléchir seulement qu'elle proclamait par là même la faillite de son système scolaire. Et l'on vit ce spectacle vraiment typique : l'officier enseignant à ses troupiers ce que c'est que la patrie, le drapeau, la famille et l'honneur, leur révélant le premier l'existence, la nécessité du devoir social [1] ; pendant que l'instituteur paradait à la tête de son ba-

leur insu, à des suggestions moins désintéressées. L'événement est d'ailleurs contemporain d'autres tentatives humanitaires, telles que la Réhabilitation militaire des condamnés de droit commun, la Loi de sursis, etc., toutes plus ou moins couronnées de succès, — et quel succès !

[1] MM. « les officiers du dernier bateau », comme dit M. Ranc, s'occupent peu de leurs devoirs militaires. Mais, en revanche, ils écrivent et parlent beaucoup. L'un d'entre eux, surtout, dont nous avons eu l'occasion déjà de nous occuper à plusieurs reprises, tient à se faire remarquer par son zèle : c'est M. Bazaine-Hayter. Ce général, cher à André et à Picquart, s'en va pérorer à l'Hôtel des Sociétés savantes et conférencie sur « le rôle social de l'officier ». Il espérait ainsi acquérir des titres à la reconnaissance, ou tout au moins à l'indulgence, des antimilitaristes. Or, rien n'est amusant comme

taillon scolaire, dont chaque *homme*, à commencer par le chef, prenait pour quintessence du métier ce qui n'en était que la vaine apparence et la grotesque parodie.

Quelles piètres recrues, croyant tout savoir et ne voulant plus rien apprendre, paresseuses, vaniteuses, indisciplinées, devaient sortir de cette institution puérile et sacrilège !

Quoi qu'il en soit, l'officier se mit consciencieusement à l'œuvre. Par la force des choses, son enseignement ne cadrait guère avec celui de l'école : ce fut la cause des premiers conflits. On s'empressa de crier au scandale. Mettre

l'exécution du conférencier, M. Bazaine-Hayter, dans l'*Action*, par le socialiste Thalamas :

« Nous ne tolérerons pas, écrit M. Thalamas, qu'on constitue à la caserne une concurrence déloyale autant que peu qualifiée à l'école laïque. Si l'on a du temps de reste au régiment, qu'on diminue la durée du service; si les officiers veulent devenir professeurs, qu'ils entrent, après examen, dans l'Université. Si M. Bazaine-Hayter veut former des troupiers modèles, qu'il s'occupe d'abord de son corps d'armée. Sans compter que le jour où l'on discutera des vertus de l'exemple, il pourra être intéressant d'examiner quels éclatants exemples de vertu civique ou morale ces nouveaux apôtres ont à leur actif. »

N'hésitez pas, Monsieur Thalamas, et révélez-nous vite les « éclatants exemples de vertu civique ou morale » qui figurent à l'actif de M. Bazaine-Hayter. Ne faites pas languir notre curiosité.

(Échos de l'*Éclair*, 1er janvier 1907.)

en parallèle sa situation brillante, privilégiée (le sous-lieutenant touche 6 fr. 50 par jour!) avec celle du simple soldat, arraché violemment à sa misère; en conclure qu'il travaillait seulement *pro domo* et contre l'intérêt du plus grand nombre (en supposant qu'il travaillât de temps en temps!) — et qu'il n'était qu'une sorte de tyran parasite (au soldat la peine! à l'officier l'honneur, la gloire et le plaisir!), tout cela fut un jeu pour les organisateurs de la débâcle. Parlait-il de sacrifice, on disait : « Parbleu! c'est lui qui en profite [1]! » S'avançait-il un peu loin dans le domaine de la morale, qui touche de si près à celui des croyances, on criait à la propagande cléricale et réactionnaire. Pu-

[1] Dans son livre : *Citoyen et soldat*, qui semble sincère, après tout, dont le général André crut devoir faire un pompeux éloge à la tribune de la Chambre, et qui, si nos souvenirs sont exacts, valut à son auteur d'être mis au tableau d'avancement, le lieutenant Demongeot s'élevait avec force contre une des plus belles phrases du *Service intérieur*, dont il demandait la suppression, comme trop évocatrice d'un passé heureusement aboli :

— « Les membres de la hiérarchie militaire, à quelque degré qu'ils y soient placés, doivent traiter leurs inférieurs avec bonté, être pour eux des guides bienveillants, leur porter tout l'intérêt et avoir pour eux tous les égards dus à des hommes *dont la valeur et le dévouement procurent leurs succès et préparent leur gloire.* »

nissait-il les indisciplinés, on parlait d'Inquisition et de tortures, excellent moyen de le discréditer juste au moment où il se ralliait au principe de l'éducation paternelle. Pour un traître puni, il y eut un *tolle!* Quant aux malades, c'est bien mieux encore : il les tuait, tout simplement. Dès lors, les hommes politiques disposant de quelque influence vinrent assaillir les grands chefs de leurs recommandations, de leurs conseils et de leurs menaces, saisir le gouvernement et les Chambres de leurs récriminations, de leurs doléances et de leurs interpellations. Et les grands chefs, devenus faibles et timorés devant cette intrusion de la politique, — la bête noire, — voulurent désormais tout décider, tout régler dans les moindres détails, tout voir par eux-mêmes, et se faire rendre compte de tout, afin d'éviter les histoires, en ménageant la chèvre et le chou.

Ce fut la mort de cette initiative personnelle, dont on venait si judicieusement de rétablir le principe, et la mort de l'éducation générale et militaire, œuvre éminemment personnelle, que le chef immédiat ne peut mener à bien s'il ne dispose de la plus large initiative, initiative légitimée par la connaissance qu'il possède, seul,

du tempérament et du cœur, du passé de chacun de ses soldats.

Ce fut aussi l'avènement du régime de la méfiance : par peur de la politique, les chefs de
l'armée, sacrifiant, sans même y prendre garde,
leur devoir à leur situation, paralysaient systématiquement ceux qui auraient osé le faire à
leur place, peut-être ; terrorisés par les loups,
ils ouvraient toutes grandes les portes de la
bergerie. Leur prestige allait sombrer avec leur
courage.

Ainsi donc, dès l'école, l'instituteur avait com-
mencé l'œuvre dissolvante. Les effets devaient
forcément s'en faire sentir en premier lieu dans
l'armée. Nous avons vu l'armée entreprendre
résolument l'œuvre régénératrice. Sans se douter qu'elle était condamnée, elle avait instincti-
vement réagi contre la première atteinte.

Ce mouvement de défense eut pour résultat
d'exaspérer l'hydre maçonnique qui voyait
échapper sa proie. Sa haine s'accrut en raison
des résistances qui se dressaient contre elle. Il
fallait en finir et tenter le dernier assaut. Les
portes étaient toutes grandes ouvertes, nous
venons de le voir ; et, pourtant, elle n'osa pas

s'introduire de vive force dans la place ; comme toujours, elle détourna l'attention au moyen d'une confusion préalable.

L'officier, c'était bien entendu, restait dorénavant le grand éducateur de la jeunesse. Mais dans quel sens orienter cette éducation? Pour l'officier, il n'y avait pas de doute possible ; sa tâche consistait à développer chez l'homme le bon sens pratique, à réveiller les énergies latentes, à exciter tous les sentiments innés de générosité, de droiture et d'abnégation, à exalter les grandeurs du passé ; et tout cela, pour dégager le souci du bien général, — dont tout le monde profite, — des petits intérêts immédiats et particuliers, — qui se nuisent les uns aux autres, — pour justifier le patriotisme, et pour canaliser enfin, dans le sens tout spécial de la vertu militaire, toutes les qualités, naturelles ou acquises, de l'homme devenu soldat.

L'officier ne prêchait pas *pro domo*. Il parlait *pro patriâ*.

Mais, recourant une fois encore à l'équivoque, les républicains francs-maçons remplacèrent la Patrie par la République.

L'étymologie du mot nous dit bien que c'est

à peu près la même chose, mais nous savons aussi que le propre du régime est de dénaturer le sens des mots au profit de ses intérêts. — Les Loges décrétèrent donc que l'éducation donnée par l'officier devait être républicaine; elles exigèrent de tous les officiers l'acte de foi républicain, c'est-à-dire, en réalité, l'acte de foi socialiste et anticlérical, les obligeant ainsi à prendre position dans la mêlée politique, sans leur laisser, bien entendu, le choix de leur parti.

La thèse était nouvelle autant qu'audacieuse. Admettons un instant ce terme de républicains : encore faut-il savoir à quelle République il s'applique. A ne considérer que ses formes contemporaines, est-ce à celle de Gambetta ou de Jules Ferry, à celle de Méline ou de Ribot, à celle de Brisson, à celle de Waldeck-Rousseau, ou bien à celle d'Émile Combes? Nous n'osons pas chercher plus loin.

Car, s'il paraît évident que, même à leur insu, les différents ministères qui se sont succédé depuis 1879 ont tous plus ou moins évolué dans le sens maçonnique, il n'en est pas moins vrai qu'ils se sont autorisés de principes étrangement opposés parfois, bien que tous se soient également réclamés de la République; il n'en est pas moins vrai que le terme République ne signifie plus rien depuis qu'il représente, non plus la chose publique, mais bien la chose d'un parti.

Vouloir imposer au corps d'officiers l'opinion conforme au dernier sens imposé du vocable, c'était d'abord faire acte d'une singulière intolérance. C'était aussi, et forcément, semer, au milieu d'hommes dont la foi devait rester une, les premiers germes de la mésintelligence et de la désunion. C'était, de plus, les condamner à changer de foi politique à chaque changement de ministère; c'était prétendre les ravaler au rôle de girouettes qui se tournent toujours dans le sens du vent; c'était annihiler l'influence qu'ils tenaient de leur neutralité même et leur préparer un rôle dans la guerre civile; c'était détruire leur dignité professionnelle et leur prestige moral. Il en advenait de la neutralité de l'armée comme de la neutralité sectaire de l'école.... C'était criminel, et c'était absurde.

Il y a plus encore : vouloir les astreindre à la profession de foi républicaine, c'était, en fait, leur rendre le droit, — puisqu'on leur en faisait un devoir, — de rentrer dans la politique, et, par corollaire, — bien qu'on le contestât, — le droit d'afficher telle opinion qu'il leur plairait. Ces préférences pour les régimes disparus, que d'aucuns gardaient jalousement dans le fond de leurs cœurs, allaient légitimement se faire jour, au grand détriment d'une armée sans cohésion désormais, — puisque composée de gens qui ne parleraient plus la même langue, d'adversaires politiques et de frères ennemis. Et ceux-là mêmes qui persisteraient à rester neutres, qualifiés de réactionnaires, pour n'avoir pas suivi le mouvement, formeraient un clan, eux aussi : — le clan des persécutés et des parias.

C'était la discorde, succédant à la bonne et loyale entente; c'était le : *divide ut regnas*, en attendant le : *Væ victis!* — c'était l'armée acculée au suicide. Les intérêts personnels, ou de parti, prenant bien vite le pas sur les devoirs inhérents à la tâche commune, l'officier allait se dresser contre l'officier ; les *timorés* allaient se rallier au parti qui, pour le moment, leur paraissait le plus fort; les *arrivistes*, sans convictions et sans scrupules, sacrifiant tout à leurs ambitions, allaient résolument se lancer dans la lice; la peur, l'envie, la jalousie aidant, l'espionnage et la délation allaient entrer dans les mœurs.

Arrivée enfin au pouvoir, devenue le gouvernement, la franc-maçonnerie se décidait à jeter le masque. Elle dressait le pays contre l'armée, le soldat contre l'officier, l'officier contre l'officier même. Et les hommes auxquels elle confiait les magistratures suprêmes allaient avoir pour mission de servir non le pays, mais la secte, dût le pays en mourir.

Un ministre [1] de la guerre, se présentant pour la première fois devant la Chambre, et faisant une déclaration de principes qui semblait vouloir défier toute critique, était lui-même obligé de la tempérer par ce mot : « L'armée sera républicaine [2]! » Et bien d'autres, qui, peut-être, ne pensaient pas très différemment de lui, ajoutaient tout bas :

— .... Ou elle ne sera pas [3]!

C'est qu'en effet l'armée concentre sur elle toutes les haines de la secte. L'armée, c'est

(1) M. Berteaux.

(2) On cite, par contre, ce propos du ministre suivant, mieux inspiré dans ses pensées, si ce n'est dans ses actes : « Tous les crétins se disent républicains, afin d'obtenir les faveurs qu'ils ne méritent pas. »

(3) M. Gervais, député, ancien officier, a parlé, depuis, dans

l'épée de Damoclès, toujours suspendue au-dessus de sa tête; c'est l'idée de la guerre toujours présente aux yeux de la nation; c'est le glaive qui punira peut-être un jour les fauteurs de la désorganisation nationale; c'est, en attendant, la source où la nation retrempe à chaque instant les sentiments qui leur font obstacle; c'est le réservoir où elle va puiser les énergies qui se dressent contre eux. De son passage sous les drapeaux, l'homme rapporte l'habitude de réfléchir et de prévoir, de s'éclairer et de se défendre, de se mettre en garde contre les emballements irréfléchis et les compromissions dangereuses; il y développe son intelligence et son initiative; il y apprend à rester lui-même pour pouvoir se donner tout entier à la cause dont il saura discerner la justice et la grandeur; il y réalise, avec le concours de ses camarades et de ses officiers, la véritable fusion des classes, fondée sur la communauté des efforts

la *Revue Bleue*, « de l'armée du temps de paix ». Il en a fait un panégyrique qui est un plan complet, si l'on peut dire.

C'est, toujours, la même logique qui faisait dire à Jules Simon, devant les députés de 1867 : « S'il n'y a pas d'armée sans esprit militaire, je demande que nous ayons une armée qui n'en soit pas une. » La France a été battue même avant que son vœu se trouvât complètement exaucé.

et du but, sur l'estime et la confiance mutuelles;
il y échappe à l'obsession fascinatrice de l'é-
goïsme utilitaire et de la mutualité selon la formule socialiste, qui déprime l'individu en l'ha-
bituant à ne compter que sur la collectivité, et
qui affaiblit la société par voie de cônséquence;
il s'y fortifie à l'école du désintéressement, du
devoir et du sacrifice; il s'y grandit au culte de
l'honneur, et multiplie d'autant la vitalité du
pays.

Un jour, peut-être, si quelque guerre vient à
éclater, il trouvera, dans le magnifique essor
des mâles vertus que surexcitent les ardeurs
de la lutte, et dans le mépris du danger, des risques personnels, de la souffrance et de la mort,
il trouvera la volonté qui fait agir, et la force
de caractère qui donne la victoire, même ailleurs que sur les champs de bataille; et, ce
jour-là, l'œuvre maçonnique aura vécu....

Donc, l'armée devait périr.

Faut-il ajouter que les haines intestines sont
indispensables à l'élaboration de cette œuvre de
haine? Ils le savaient, les mécréants, l'état d'âme
créé, entretenu par une armée qui englobe tous
les citoyens, ne peut que s'opposer à l'éclosion,
au développement de ces haines, si rien ne vient

la détourner de son rôle; la haine de l'ennemi, c'est l'exutoire de toutes les autres haines : soulever la nation contre l'armée, c'était faire d'une pierre deux coups.

On ne pêche bien qu'en eau trouble!

Pénétrée de la vérité de cet adage, la franc-maçonnerie devait s'employer de son mieux à troubler les idées, dans le pays et dans le monde militaire.

En même temps que la reprise de l'affaire Dreyfus contribuait à répandre la suspicion sur le haut commandement, la rengaine de l'éducation civique et du culte de la paix vint à point pour faire sortir l'armée de son rôle essentiel et lui masquer son but final, unique, la guerre.

L'absurde cliché de la suprématie du pouvoir civil fut un prétexte à donner aux influences politiques un droit de contrôle sur l'enseignement civique et moral donné dans les casernes. Sous prétexte d'aider l'officier dans sa tâche, on lui adjoignit, de force, des conférenciers, trop souvent suspects, qui prétendirent se faire ses mentors, et dont le seul but était de détourner à leur profit, — au profit des intérêts de la secte, — une notable part du prestige du chef.

Sous prétexte d'utiliser le passage de l'homme au régiment pour l'instruire de ses devoirs de citoyen et le perfectionner dans son premier métier, on cherchait à lui faire perdre la plus grande partie possible du temps pendant lequel il apprendrait ses devoirs et son métier de soldat.

Au mépris du principe de la neutralité militaire, on entreprit résolument la propagande politique à la caserne. — C'est dans ce but qu'on institua plus tard les bibliothèques de quartier. — Au mépris de circulaires ministérielles, dirigées, il est vrai, contre les seuls journaux de l'opposition, on l'inonda de publications, de factums et de libelles, dont les apparences anodines préparaient sournoisement des tentatives ultérieures ou parallèles. Et l'on trouvait des généraux sans scrupules pour les patronner, pour les rédiger même [1].

Et, cependant, la délation s'organisait!....

La franc-maçonnerie a passé cent cinquante ans, et peut-être bien davantage, à remuer tous les bas-fonds de la société.

____

(1) *L'Armée et la Nation.* — *L'Armée républicaine.* — Général Peigné. — La première de ces publications sœurs, très anodine, n'était que la sauce destinée à faire passer le poisson, — la seconde.

A la longue, la fange est remontée jusqu'à la surface de l'eau dormante. Elle l'a souillée tout entière, et les temps sont venus des pêches lucratives, où le poisson, désorienté, affolé, se laissera prendre sans même voir l'ennemi qui le traque.

Tapie dans l'ombre de ses pratiques ténébreuses et de ses rites déconcertants, la franc-maçonnerie a patiemment attendu son heure, sûre de la voir venir un jour.

A tort ou à raison, elle s'en croit maîtresse aujourd'hui; elle se débarrasse de son masque, elle jette son immense filet.

Fuir devant elle?.... Impossible!.... elle a fait le trouble, et nous sommes aveugles; nous ne pourrions lui échapper.

Se laisser prendre, et, bénévolement, se résigner à devenir sa proie?.... Allons donc!.... La France a connu d'autres épreuves, et, toujours, elle en a triomphé.

Quoi donc, alors?....

Le filet, trop chargé, fait choir, parfois, le pêcheur dans la rivière. Si nous devons tomber dans le filet, unissons nos efforts, résistons, débattons-nous, tirons à nous, entraînons l'ennemi dans l'élément où, seuls, nous pouvons vivre.

La franc-maçonnerie ne sait pas ce que c'est que l'Honneur. — Le président du Grand Orient lui-même a dû avouer qu'il ne savait comment le définir. — Elle a peut-être quelque peu troublé le sentiment que nous en avions nous-mêmes.... Qu'importe? C'est là notre élément! — Tirons à nous!.... C'est sur ce terrain-là que nous l'étoufferons!

CHAPITRE III

LA LOGIQUE

Anarchie intellectuelle. — L'Armée et la Nation. —
Un terrain neutre. — Discipline ou asservissement.

Nous sommes à la période aiguë du conflit.
Le gouvernement, accumulant, bon gré, mal
gré, sur sa tête, toutes les responsabilités de la
crise qui s'ouvre, le gouvernement, en mauvais
intendant qui trahit les intérêts de son maître,
a déchiré la *Charte de l'Armée*, comme il devait plus tard dénoncer le Concordat, et laisse
protester la parole et la signature de la France.

Aux premières hostilités, la Grande Muette
n'a opposé que le silence et le dédain. Mais
cette passivité, dont elle croyait se faire un titre
de gloire, devait avoir pour premier résultat de
l'amener un jour à douter d'elle-même, pour
seul effet d'encourager l'ennemi dans ses attaques, assurées de l'impunité.

La lutte se poursuit : lutte déconcertante entre deux adversaires, dont l'un se laisse intimider, bien qu'il soit seul en possession de la force, dont l'autre, s'enhardissant aux succès imprévus de ses intimidations, ose tous les jours davantage, cependant que le vaincu par persuasion courbe l'échine et se résigne à compter les coups dont on l'accable.

Il est un terme, toutefois, au delà duquel la passivité deviendrait crime, et l'abdication lâcheté.

La Force n'a pas le droit de se laisser abattre, puisque sa chute découvre le pays. Elle n'a pas le droit d'oublier qu'elle constitue l'*ultima ratio* de l'ordre contre l'anarchie, que l'anarchie c'est l'irréductible ennemie qu'il faut qu'elle tue ou dont il faut qu'elle meure, et qu'il n'est aux derniers défenseurs de la place, cernés dans le réduit, qu'une mort honorable, celle qu'on trouve sur le rempart, les armes à la main.

Au moment où l'Armée française va se trouver contrainte de se réfugier dans son dernier réduit, — son Honneur, — il devient urgent de lui prouver qu'elle a encore des armes pour se défendre, et qu'à défaut de dispositions légales, retournées contre elle par les machinations de l'anarchie, il lui reste les arguments de la raison et les arrêts de la conscience, et que l'heure est venue pour elle de s'en servir.

Au moment où les désorganisateurs de l'armée nationale vont saper ses dernières défenses, ses codes de justice et ses garanties constitutionnelles; au moment où l'on va supprimer les conseils de guerre et abolir la propriété du grade; au moment où le gouvernement républicain d'aujourd'hui parle de rétablir le serment militaire, abrogé par les républicains de 1848 et de 1870, — lesquels n'avaient pas voulu, disaient-ils, que les sentiments de fidélité au régime pussent l'emporter, en un jour de crise, sur les sentiments de fidélité dus au pays; — au moment, disons-nous, où l'on va tenter d'inféoder l'armée du pays au régime, pour l'employer ensuite aux basses exécutions de la secte qui s'incarne dans le régime, il était indispensable de démasquer l'agresseur, de prouver l'inanité de sa dialectique, la mauvaise foi de ses manœuvres, et le bluff impudent de ses moyens d'attaque.

Car l'anarchie ne lutte jamais en face; elle progresse toujours par des voies détournées.

Ne pouvant rien contre la loyauté de l'armée

française, l'anarchie républicaine a tendu un piège à son *loyalisme*.

Les temps sont loin, déjà, des premières tentatives ; vieille, la diatribe sacrilège d'un Urbain Gohier [1] dénonçant le prétendu complot de l'*Armée contre la Nation*, pour soulever réellement la nation contre son armée toujours fidèle.

La plupart des maux dont souffre la société contemporaine tiennent, — nous l'avons dit, — à de simples équivoques, les unes fortuites, le plus grand nombre voulues. Depuis dix ans, la tactique n'a pas varié.

La crise militaire tient toute dans ce sophisme : — L'Armée, c'est la Nation ! — comme la crise politique tient toute dans cet autre sophisme : — La loi est l'expression de la volonté nationale.

Or, la loi, — telle que l'entend aujourd'hui le parti qui gouverne, — la loi n'est pas plus l'expression de la volonté nationale que le Parle-

---

[1] Nous nous faisons un devoir et un plaisir de reconnaître que ce hardi polémiste est revenu, depuis, d'un certain nombre de ses erreurs, et de presque toutes ses illusions.

ment n'est la personnification intégrale du peuple qu'il prétend représenter.

De même, l'armée n'est pas la nation, pas plus que le bras n'est l'estomac, pas plus que l'enceinte fortifiée n'est la cité qu'elle protège, pas plus que le chien du berger n'est le troupeau qu'il garde et qu'il défend.

Sans doute, l'estomac fait vivre le bras; sans doute, la cité participe à la construction, à l'entretien, à l'armement de l'enceinte, au recrutement de sa garnison; sans doute, le chien compte, si l'on veut, pour une tête dans le troupeau.

Mais le bras a des mouvements qui lui sont propres; mais l'enceinte est extérieure à la ville; et le chien reste en dehors du troupeau.

Barrière vivante, interposée entre la nation et ses ennemis, chien de berger qui tourne sans cesse autour du troupeau confié à sa garde sans jamais se mêler à lui, sentinelle qui veille aux portes tandis que la cité travaille ou se repose, bras vigoureux toujours prêt à parer les coups, l'armée, issue de la nation, intimement liée avec elle, l'armée n'est pas la nation; elle n'est même pas dans la nation, elle est *hors la nation*.

Quand le bras s'engourdit, le corps ne tarde pas à dépérir ; quand le chien dort au milieu du troupeau, le troupeau se désunit et se disperse ; le loup aura beau jeu.

Si la ville n'est pas nettement séparée de l'enceinte, la garnison participe bien vite aux défaillances que les rigueurs du siège provoquent dans une population affamée ; elle est à la merci de ces mouvements irraisonnés, irrésistibles, qui entraînent fatalement les capitulations prématurées.

Si la crainte des intempéries pousse la sentinelle à chercher un abri dans la poudrière dont elle devait surveiller les abords, le danger du dehors se double d'un péril autrement redoutable : la présence d'une arme à feu, chargée, dans la chambre des poudres.

L'armée perd toute sa force et, avec elle, toute sa raison d'être, et tout son prestige quand elle cesse de s'isoler résolument de la nation.

Si elle participe trop étroitement à sa vie, à ses aspirations, à ses passions, à ses disputes, à ses démences, elle est, comme le chien qui se repose au milieu du troupeau, incapable de continuer à faire bonne garde ; comme la garnison qui se laisse influencer par la contagion des énervements populaires, elle compromet toutes ses forces morales ; comme la sentinelle qui pénètre dans la poudrière, elle devient un danger public.

Par essence et par destination, l'armée a sa place *hors la nation*, pour mieux veiller sur elle.

Quand la nation s'égare et s'abandonne à ses mauvais bergers, quand elle se livre aux sycophantes, aux complices de l'ennemi, qui se sont introduits traîtreusement dans la place ou qui sont d'ores et déjà d'intelligence avec lui, le *devoir*, pour l'armée, ce n'est plus de la suivre, mais bien de lui barrer le passage, de résister, quand même et malgré tout, puisque c'est elle qui répond, en dernier ressort, de la prospérité, de l'existence, du salut de la nation.

La nation ! Mais qui donc y songe encore, dans la bande sinistre où se recrutent maintenant nos maîtres, alors que, par un artifice hypocrite et grossier, on a, sous prétexte de les identifier, substitué la République à la France !

Et quelle République !.... Ce n'est plus la *Res publica* des anciens. C'est la République des panamistes, des persécuteurs, des délateurs, des crocheteurs de portes et de consciences; peut-être bien aussi la République des traîtres!

Que l'armée se prête à cette confusion, elle aura bientôt fait de se laisser acculer à l'impuissance, si ce n'est au suicide; elle aura bientôt fait de livrer le pays, pieds et poings liés, aux ambitions qui grondent autour de lui et jusque dans son sein.

Les gouvernements passent, comme les hommes.... La France reste.... Son armée doit rester avec elle.

La France est en République aujourd'hui. Qui peut prévoir sous quel régime elle voudra vivre, elle essaiera de vivre, elle vivra, demain?.... L'armée française, devenue l'armée républicaine, devra-t-elle donc, aux jours de crise, laisser la France mourir avec la République?

O honte! les dernières abdications ont été consenties. En la personne de ses chefs naturels ou de ses chefs de hasard, l'armée française a laissé le bonnet phrygien de Marianne détrôner le vieux coq gaulois qui veillait au-dessus de ses étendards.... Un ministre de la guerre a salué le drapeau rouge!.... La loque infâme des sans-patrie va-t-elle devenir le drapeau de l'armée française?

Du haut en bas de la hiérarchie, le bon sens s'obnubile, l'honneur s'émousse, les consciences se troublent, le sentiment du devoir s'obscurcit. L'arrivisme bas et vulgaire, le souci du pain quotidien, l'espoir, longuement caressé, d'une retraite certaine et tranquille, ont successivement raison de tous les scrupules. Un fonctionnarisme étroit, qui étouffe toutes les protestations, toutes les résistances, — en des âmes foncièrement honnêtes, cependant, — règne en souverain dans une armée qui tend à devenir l'instrument d'une politique de parti. Et cette politique, c'est celle qui se refuse à réparer le passé, à assurer le présent, à préparer l'avenir; c'est celle qui dresse, les uns contre les autres, les Français, comme des frères ennemis; c'est celle qui entretient l'agitation ouvrière et attise l'émeute, celle qui dirige la persécution religieuse; c'est celle qui amoindrit, qui divise, qui désarme la France; celle qui, non contente de l'engager dans une alliance suspecte et périlleuse, après l'avoir frappée au cœur, se dispose encore à la poignarder dans le dos en préparant, devant l'ennemi qui menace,

5.

la grève des réservistes, la révolte des troupes
et l'assassinat des chefs!

Non ! la lutte, s'il en est une, la lutte n'est pas
entre l'Armée et la Nation. Elle est entre l'Internationale et l'Armée, rempart de la Nation,
entre la République, telle que nos tyrans l'ont
faite, et la Patrie.

A qui la faute, si l'heure est venue, pour
l'armée française, de choisir entre cette République et la Patrie?

Au moment où, dupes d'une éducation sans
base et sans principes, sans but supérieur, nous
ne discernons plus nos devoirs qu'à travers le
prisme des lois de circonstances et de leurs termes ambigus ; au moment où, suivant une parole célèbre, le difficile n'est pas tant de faire
son devoir que de le bien connaître, — condition indispensable à l'acceptation des énormes
sacrifices qu'il exige parfois, — il fallait que
quelqu'un entreprît de remettre toutes choses
en place, et rendît à l'armée le terrain propre
sur lequel elle doit nécessairement se mouvoir,
le terrain qu'elle a perdu par la faute ou la
trahison de ceux-là mêmes qui en avaient
assumé la garde, de ceux qui n'ont pas su, de

ceux qui n'ont pas osé, de ceux qui n'ont pas voulu le défendre.

Dans le procès dont il lui faut désormais sortir accablée ou triomphante, il fallait que quelqu'un lui rendît ses vrais juges, ceux dont elle tient sa mission séculaire et sacrée, les seuls devant lesquels il lui soit permis de se justifier sans déchoir.

Les autres, — dût-elle un jour, à leur barre sinistre, s'entendre signifier l'arrêt de mort, — les autres ne relèvent que de son dédain et de son mépris, peut-être aussi de sa pitié.... Le Christ n'a pas maudit ses bourreaux.

Hommes de bon sens, de bonne foi, de droiture et de courage, à vous donc de peser, de juger !

Vous direz si, dans l'anarchie qui s'étend partout, autour d'elle, et qui commence à l'envahir, vous direz s'il reste à l'armée d'autres moyens de se défendre et de défendre sa mission, que des moyens d'apparence anarchique !

Quand les spoliateurs du pouvoir s'inspirent d'autres intérêts que les intérêts du pays, vous direz si l'armée doit aussi trahir le pays, si elle doit continuer à obéir aveuglément à des hommes qui ne sont plus qualifiés pour exercer le pouvoir !

D'aucuns objecteront sans doute : « L'armée doit obéir, toujours. Elle n'est qu'un instrument irresponsable dans une main qui demeure seule responsable. Elle n'a pas à connaître le pourquoi des ordres qu'elle reçoit; lui accorder le droit de les discuter, de réserver son obéissance, c'est ruiner la discipline jusque dans ses bases. »

Instrument irresponsable? Oui, sans doute, mais à une double condition : c'est que l'armée soit réellement couverte par une autorité effectivement responsable, qui l'actionne dans l'exercice normal de sa fonction.

La première condition est nettement formulée dans les pages magistrales qui définissent les *Principes généraux de la Subordination militaire* [1]. La seconde, également prévue par la formule de reconnaissance [2] des officiers présentés par leurs chefs à leurs subordonnés, résulte de ce fait évident : loin d'être un ins-

(1) Règlement sur le Service Intérieur des troupes.
(2) Ibid.

trument propre à toutes les besognes, l'armée répond, au contraire, à un but nettement déterminé.

C'est dans ce but, dans ce but seul, que le soldat a pu renoncer librement à l'usage d'une partie de sa liberté.

Hors de ce but, il n'y a plus d'armée ni de subordination. La disparition de la cause entraîne nécessairement la suppression de tous ses effets. Chacun retrouve sa liberté tout entière, — et, avec elle, sa part des responsabilités qui s'ensuivent.

Hors de ce but, obéir, c'est engager à nouveau, sur des bases nouvelles et à ses risques et périls, une part de cette liberté même qu'on s'était tacitement réservée. Hors de ce but, obéir, à l'occasion, c'est devenir complice.

Hors de ce but, il n'y a plus à invoquer la discipline. Bien mieux, — nous reviendrons sur ce point tout à l'heure, — il n'y a plus de discipline.

Les faits nous démontrent éloquemment, au surplus, qu'aujourd'hui, — et pour cause, — les représentants de l'autorité méconnaissent radicalement des responsabilités qu'ils ont su rendre illusoires, faute de sanctions efficaces. Tout le poids de ces responsabilités vacantes retombe donc forcément sur ceux dont ils prétendent faire leurs instruments, et qui cessent, bon gré, mal gré, par là même, d'être des instruments passifs, pour devenir des complices volontairement aveugles.

Qu'est-ce donc, alors, que la discipline? Il est temps de la définir.

Est-ce une servitude, un esclavage, un carcan qui paralyse et supprime toute liberté? Les philosophes contemporains, apôtres convaincus, — ils le disent, du moins, — de l'émancipation universelle, et destructeurs systématiques de tout dogme, même du dogme religieux, prétendraient-ils nous imposer ce nouveau dogme : celui de l'infaillibilité du pouvoir, — le *Fait du Prince* de Machiavel, — comportant l'obligation d'une soumission passive, absolue, à ses lois, à ses décrets, voire même à ses caprices? Et faut-il donc les renvoyer à l'*Antigone* de Sophocle pour leur rappeler qu'au-dessus de la loi humaine, il existe une Loi contre laquelle nulle autre ne prévaut?

Non, certes! la discipline, — et la discipline militaire en particulier, — dérive, non pas du dogme de l'infaillibilité du pouvoir, ce qui serait absurde, étant donnée l'imperfection native de la nature humaine, mais bien d'une convention sociale qui est, en vérité, la pierre angulaire de toute société digne de ce nom.

Le seul dogme auquel se puisse rattacher la discipline, c'est celui de la liberté humaine, de ce libre arbitre dont le Créateur a doté l'homme, pour qu'il fût le maître absolu de ses actes et de ses destinées.

Pour antiques et profondément respectables qu'elles soient, les premières manifestations de la discipline sont issues d'un accord, d'un véritable contrat, d'un pacte qu'il ne fut jamais besoin de formuler, parce qu'il se fondait sur une vérité d'évidence, une vérité intangible ; et toutes ses manifestations ultérieures ont, comme ses manifestations premières, leur principe et leur raison d'être dans un pacte tacite, mais nécessaire, formel, imprescriptible.

L'homme est né moralement libre ; mais sa liberté ne lui appartient pas en propre ; il n'en a, pour ainsi dire, que la jouissance ; il en répondra devant son Créateur, qui est en même temps son Juge. En renonçant à l'usage d'une parcelle de cette liberté, le soldat n'a pas pu l'abdiquer tout entière. L'eût-il fait, que le pacte, illicite, serait nul et de nul effet.

En recevant de lui cette parcelle de sa liberté, les représentants de l'autorité légitime lui laissaient naturellement une garantie, contre-partie essentiellement constitutive du pacte. En exigeant de lui l'obéissance, ils s'engageaient formellement à n'en user que dans un certain nombre de cas, limités par la loi supérieure. Ils s'interdisaient, une fois pour toutes, l'intention même d'en jamais abuser.

En refusant au soldat le droit de quitter le rang, à l'officier le droit de se démettre, pour se soustraire à certains ordres imprévus, ont-ils donc voulu forger d'avance le piège qu'ils devaient tendre un jour à la bonne foi, à la conscience, à l'honneur du soldat et de l'officier, traîtreusement frustrés d'un bien inaliénable?

Soit! Il resterait pourtant encore à ces pauvres dupes le droit de choisir entre le sacrifice et le déshonneur, entre les sanctions de la justice des hommes et les sanctions de la justice de Dieu.

Faut-il rappeler qu'aux termes des *Immortels Principes* de 1789 eux-mêmes, si souvent répudiés, quand ils les gênent, par ceux qui se réclament de la Révolution comme d'un bloc indivisible, faut-il donc rappeler que nul ne peut être inquiété dans ses convictions religieuses, sans qu'il ait été prévu d'exception, que nous sachions, pour le soldat? Faut-il rappeler que la trop fameuse *Déclaration des droits de l'Homme et du Citoyen*, affichée depuis quelques années dans toutes nos écoles, proclame l'insurrection comme le plus sacré des devoirs en présence des lois iniques, — ce qui laisse à penser, tout au moins, qu'on les prévoit possibles?

Et cependant, nous n'irons pas, nous, jusqu'à préconiser l'insurrection militaire. L'armée, quand elle prend une part active aux dissensions intestines du pays, se désunit, s'affaiblit et se discrédite; elle détourne ses yeux de son objectif essentiel : l'ennemi, aux aguets de l'autre côté de la frontière. — Quand, au service des avant-postes, nous plaçons une sentinelle, nous lui donnons pour consigne de regarder toujours devant, jamais derrière.

Quel sera donc, pour l'armée, le plus sacré des devoirs dans l'hypothèse des lois injustes, dont elle sera requise d'assurer l'exécution?

Et voilà que nous retombons encore dans le plus grossier des sophismes !

La vérité, c'est qu'il n'y a pas de hiérarchie propre des devoirs, parce qu'il n'y a pas plusieurs devoirs. — Il n'est de hiérarchie que dans les autorités, plus ou moins qualifiées, qui commandent.

Le devoir est simple, le devoir est un, comme l'Autorité suprême dont relèvent toutes les autorités humaines. Le devoir professionnel n'existe qu'à l'état d'application particulière du devoir tout court ; il n'y a donc jamais à choisir entre deux devoirs contradictoires.

Quand deux autorités entrent en conflit, l'autorité subordonnée est en révolte. De l'autorité supérieure seule dérive le devoir, et les prétendues obligations professionnelles ne sauraient prévaloir contre lui. L'autorité secondaire dont ces obligations relèvent s'est disqualifiée par le fait même de sa révolte contre l'Autorité suprême, absolue. Il ne reste plus rien, ni de cette autorité contingente, ni des obligations qu'elle pouvait imposer jusque-là. Le devoir, lui, subsiste toujours, et la justice des hommes n'y saurait rien changer.

Tous ceux qui croient encore à quelque

chose, tous ceux qu'un irréductible parti pris n'accule pas à la négation radicale et sommaire des vérités éternelles qui dominent notre misérable humanité, admettront sans conteste la subordination du pouvoir humain, — civil ou militaire, — à l'Autorité divine, source de toute autorité.

Nos prétentions vont plus loin : nous arriverons à convaincre aussi les autres, pourvu qu'ils nous apportent un peu de bonne foi. Un raisonnement d'ordre tout pratique, et d'une simplicité saisissante, y suffira sans peine.

Oublions avec eux l'Autorité divine, et cherchons sur quelles bases on peut asseoir, dès lors, l'autorité d'un gouvernement, quel qu'il soit.

Il n'en est qu'une admissible : la délégation plus ou moins populaire, la délégation nationale, — et nous insistons sur ce dernier mot : Le gouvernement ayant pour mission évidente de gérer, non pas les intérêts particuliers d'un parti, mais bien les intérêts généraux du pays tout entier, tient son pouvoir, non seulement de la majorité qui l'a élu ou des oligarchies qui l'ont formé, mais aussi de la plèbe qui l'accepte et des minorités qui le subissent, toutes catégories qui n'ont pas cessé un instant de faire partie intégrante du pays.

En un mot, tout le monde n'a pas droit au pouvoir; mais le pouvoir se doit à tout le monde.

Les luttes politiques, qui mettent aux prises les différents partis, n'ont pas d'autre prétexte, d'autre excuse valable, qu'un désaccord dans la conception des intérêts généraux et communs, ou dans le choix des moyens propres à y pourvoir. Quand une élite, quand une majorité porte un homme aux magistratures suprêmes, il cesse à l'instant même d'être l'homme de son parti, pour devenir l'homme du pays, l'arbitre des partis entre lesquels la nation se divise. Il est là pour apaiser leurs conflits, non pour les exciter davantage; il est là pour les faire concourir tous au bien public, et non pas pour écraser le plus faible au profit du plus fort. Son impartialité est le seul garant dont il soit fondé à se prévaloir dans l'exercice légitime du pouvoir.

Le gouvernement est donc lié au pays tout entier par un pacte. Il a reçu l'investiture du pouvoir à la condition tacite, mais formelle, exclusive, de l'employer pour le bien du pays.

L'autorité qu'il exerce sur l'armée, au même

titre que sur les autres organes de la vie nationale, est subordonnée à l'observation stricte
des conditions de ce premier pacte.

Cette armée, chez nous, quelle est-elle? —
Elle est tirée de tous les éléments qui constituent la nation. C'est un organe essentiellement
national, un corps formé de citoyens, libres
comme tous les autres citoyens jusqu'au jour
où ils ont revêtu l'uniforme pour coopérer,
dans la mesure qui leur est propre, au bien
public. Leur liberté, ils l'ont engagée, plus ou
moins spontanément, entre les mains du pouvoir, mais du pouvoir envisagé comme représentant du pays.

Le contrat, volontaire ou forcé, qui lie le soldat, l'officier, au pouvoir, est donc un simple
corollaire du contrat initial qui liait le pouvoir
au pays.

Résilier, violer celui-ci, c'est nécessairement
abroger celui-là, dans son principe et dans tous
ses effets.

Et c'est ici que la question se corse : Quand
l'armée sera-t-elle fondée à soutenir que le gouvernement a violé les engagements qui le liaient
au pays?

Chaque soldat, chaque officier, traduira-t-il le Pouvoir au tribunal de sa conscience individuelle?

Ce serait l'anarchie!.... ce serait le désordre!....

A défaut du criterium indiscutable qui nous manque, un compromis s'impose de toute nécessité. Le simple bon sens suffit à nous en définir les termes.

Le problème de l'obéissance militaire peut se poser dans des circonstances multiples. Ramenons-les à trois cas généraux, et considérons d'abord les deux cas extrêmes.

Le premier, — cas de l'obéissance qui, de l'aveu de tous, ne supporte et ne soulève aucune contestation, — c'est celui de la guerre contre l'ennemi extérieur, — car nous n'entreprendrons point ici de réfuter l'erreur pacifiste, humanitaire et internationaliste; — c'est aussi celui du maintien de l'ordre, troublé par les attentats qui se peuvent commettre contre la sécurité du pays, la stabilité de ses institutions, — et ici, nous n'admettons point d'équivoque, — contre la liberté individuelle, la liberté de conscience, la liberté du travail; — et là, nous

nous arrêtons, par crainte de franchir une limite
scabreuse.

L'autre cas, c'est celui de l'obéissance nettement impossible. Nous le caractériserons par
des exemples, — volontairement choisis dans
les hypothèses extrêmes, — qui ne se sont heureusement pas présentés jusqu'à présent.

C'est l'hypothèse du soldat, faisant partie du
service d'ordre, un jour d'exécution capitale,
et requis d'avoir à remplacer le bourreau subi-
tement indisposé ; c'est l'hypothèse de la troupe
requise de mettre le feu aux quatre coins d'une
église, — où se seraient enfermés des catholiques désarmés, s'opposant aux opérations d'un
inventaire que rien ne justifie à leurs yeux, —
pour les y brûler vifs ; c'est l'hypothèse encore,
pour mettre les choses au pis, d'un fils, désigné
par ses chefs, un jour d'émeute, pour faire
partie du peloton d'exécution qui va fusiller
son père, pris en état de rébellion, les armes à
la main.

Qui donc oserait prétendre l'obéissance obligatoire devant de telles exigences ? S'il se trouvait quelqu'un pour donner ces ordres monstrueux, quel conseil de guerre se refuserait à
un acquittement unanime, en supposant que

la justice militaire n'eût pas, au préalable,
refusé d'informer?

Mais il nous faut envisager un cas intermé-
diaire dans lequel toute la discussion se trouve
enfermée désormais. Nous entrons dans une
zone d'incertitude, de doute sur la légitimité,
sinon sur la légalité de l'ordre; — car il nous
faut bien admettre que la légalité peut violer le
droit. — Nous n'en connaissons rien encore
que les deux termes extrêmes : — ici commence le trouble pour les consciences, et l'hé-
sitation du soldat devant l'ordre reçu; — là se
dresse le mur de l'obéissance impossible.

Cette zone aux frontières très nettes, — nous
venons de la circonscrire, — est, en fait, un
terrain contesté. Les droits et les devoirs res-
pectifs du pouvoir qui commande et du soldat
qui obéit, y sont mal définis. Il s'y trouve quelque part une limite que nul esprit humain ne
saurait exactement situer, parce qu'elle se con-
çoit différemment selon l'état des mœurs, des
sentiments et des croyances; elle n'est pas la
même à toutes les époques; elle varie avec les
individus.

Dans l'intérêt de l'ordre et de la paix sociale,

ce terrain contesté réclame impérieusement une neutralisation rigoureuse, faute de quoi celui qui donne l'ordre et celui qui le reçoit ne s'entendront jamais sur le point de savoir si l'exacte limite est intacte ou violée. Ce serait pure affaire d'interprétation, plus ou moins partiale.

Cette neutralisation, c'est toute la *Charte de l'Armée;* c'est l'objet même du compromis, sous-entendu, toujours, mais essentiel, nécessaire et forcé, inviolable, compromis passé entre le pouvoir, mandataire du pays, et l'armée, instrument du pays. Si jamais le pouvoir vient à oublier ou à méconnaître le compromis, il trahit le pays. Le prétendu pouvoir n'est plus le pouvoir; il n'est plus que l'agent d'un parti, d'une faction.

C'est exprimer une évidence que de dire : Là où finissent les droits de celui qui commande, là aussi finissent les devoirs de qui devait obéir. Du jour où le gouvernement entre dans la zone neutre, dans la zone qu'il s'est lui-même interdite en prenant le pouvoir, il viole le pacte; il délie l'armée de son devoir d'obéissance et de tous les engagements qu'elle a pris envers lui, par le seul fait qu'il a rompu

6

les siens. La convention n'existe plus, parce qu'elle a perdu sa base essentielle. Le pacte est rompu, l'autorité vacante; la zone neutre est devenue une zone d'hostilités, une zone de guerre civile, où chacun défend comme il peut ses droits, ses biens, sa liberté et son honneur.

La discipline n'est pas une servitude. La servitude impose par la force et par la contrainte des obligations qui ne comportent rien en retour. La discipline est au contraire un lien qui solidarise deux volontés extrêmes, — celle qui ordonne et celle qui se soumet, — dans la poursuite d'un intérêt général, en leur créant des obligations réciproques.

La discipline subordonne la volonté inférieure à la volonté supérieure, et la volonté supérieure à l'Autorité qui prime toutes les autorités. Toute révolte contre cette Autorité est un coup mortel porté au principe même de la discipline.

La discipline repose sur un pacte, pacte double, dont nous venons de reconstituer les éléments, pacte qui ne lie l'armée au gouvernement que dans la mesure où le gouvernement reste lié aux obligations d'une charge qu'il tient du pays tout entier. Quand le pacte est rompu, quand les liens se relâchent ou se rompent, la discipline s'effondre : il n'y a plus d'obligation d'obéir; parce qu'il n'y a plus d'autorité qualifiée pour commander. Il ne reste plus que l'anarchie, avec toutes ses conséquences anarchiques.

La discipline dérivait de l'autorité légitime, régulièrement, loyalement exercée : comme pendant à l'anarchie, il ne reste qu'une chose pour laquelle nulle langue humaine n'a plus de nom. Il nous faudrait, pour l'exprimer, mettre l'*a* privatif des Grecs devant ce mot : *discipline.*

La discipline est morte, et bien morte.... Reste l'Honneur !....

En sommes-nous vraiment arrivés là ? Tel est le point scabreux qu'il nous reste à examiner.

Nous avons admis le rôle de l'armée dans deux cas exclusifs, la guerre et le maintien de l'ordre troublé : en dehors de la mission qui lui échoit en temps de guerre, l'armée, c'est entendu, doit, en temps de paix, protéger l'État, la propriété, la liberté individuelle, la liberté de conscience et la liberté du travail; admettons même, si l'on veut, qu'elle fera respecter la liberté de la grève, tant que la grève ne dégénérera pas en violences.

L'intérêt général, l'intérêt supérieur, qui solidarise le pays, le pouvoir et l'armée, se trouve ainsi très nettement caractérisé.

Le pouvoir s'est-il toujours cantonné dans les limites rigoureuses de cet intérêt supérieur? Non, certes! Qui donc oserait affirmer aujourd'hui qu'il ne s'est pas fait, en même temps que l'instrument d'un parti, le premier perturbateur de l'ordre? Et, ceci une fois admis, qui donc oserait prétendre que l'armée doit toujours marcher avec lui, puisque, en bonne logique, il lui faudrait, — si l'on veut absolument qu'elle marche, — marcher contre lui, lorsqu'il fait acte de parti en violant audacieusement la liberté de conscience et la propriété, en livrant le capital aux convoitises et aux attaques des ennemis du capital, en protégeant sournoisement les organisateurs des grèves politiques dans leurs entreprises contre la liberté du travail, en sapant systématiquement les institutions fondamentales de l'État, au point de compromettre irrémédiablement sa paix intérieure et sa sécurité extérieure?

Le seul fait que le problème de l'obéissance

se pose pour des gens qui ont toujours obéi et qui ne demandaient qu'à continuer à obéir, n'est-il pas le signe indiscutable de l'intrusion du pouvoir en pleine zone interdite, et la preuve manifeste de la violation des consciences militaires? N'est-il pas le signe caractéristique de cette *Anarchie spontanée*, si heureusement baptisée par Taine, qui fait table rase de toute autorité, et ne laisse plus d'existence possible à la discipline?

Il y a mieux encore :

Ceux qui ont assumé le périlleux honneur d'assurer les destins de la France ont volontairement livré son armée, — son ultime sauvegarde, — aux factions qui la déchirent.

Non contents d'avoir cherché à la discréditer aux yeux du pays, aux yeux mêmes de l'étranger, de l'ennemi, en la diffamant, durant dix longues années, au profit d'un traître, ils l'ont empoisonnée de doctrines débilitantes ; ils ont tenté de la convertir au pacifisme des peureux et des lâches ; ils l'ont livrée, par la délation, à la secte maçonnique, qui poursuit on ne sait quelle œuvre ténébreuse.

Ils l'ont systématiquement anémiée en plaçant à sa tête des chefs pusillanimes ou sectaires, que la peur ou l'ambition tenaient à la merci de toutes les compromissions, de tous les chantages politiques; ils ont jeté la désunion dans un corps d'officiers dont la cohésion faisait toute la force; ils ont remplacé par des *arrivistes* sans foi et sans scrupules ceux qui se préparaient en silence aux redoutables épreuves d'une guerre imminente, qu'on ne saurait affronter qu'en tremblant, et qui exigera sans doute un savoir, et des efforts, et des abnégations, et des sacrifices dont le passé ne peut nous donner qu'une idée très rudimentaire; ils ont dilapidé, pour des intérêts mesquins, méprisables et criminels, les fonds que le pays donnait sans compter pour l'entretien de son armée; ils ont failli envoyer cette armée à la boucherie, sans vivres, sans vêtements, sans souliers, sans obus, sans cartouches et sans sabres.

Ils l'ont compromise en l'employant sans nécessité, — avec une arrière-pensée inavouable, — dans les grèves, où ils ne lui réservaient d'autre rôle que de servir de plastron aux rancunes de Français égarés. Ils l'ont discréditée aux yeux du prolétariat, qui ne voyait en elle que l'armée du capital; ils l'ont discréditée aux yeux des autres classes, en faisant d'elle le témoin impuissant, — par ordre, hélas! — du chômage imposé par la violence, de l'émeute et du pillage; ils l'ont discréditée aux yeux de la nation tout entière, ils l'ont discréditée à ses yeux mêmes, en l'employant à des besognes ridicules ou odieuses, en restreignant systématiquement ses moyens d'action, en lui enseignant que le soldat peut et doit recevoir des coups sans en rendre, en la faisant honteusement battre en retraite devant la résistance armée, et quelle résistance!

Faut-il rappeler les scènes historiques d'Armentières, où l'on éloignait, où l'on dispersait prudemment les troupes, pour les mettre dans l'impossibilité d'intervenir en temps utile; celles de Longwy, où l'on poussait les précautions jusqu'à désarmer les postes et les sentinelles, sous prétexte d'éviter des collisions sanglantes? Et tant d'autres encore....

Faut-il rappeler que dans les bassins de Lens et de Denain, au plus fort de l'émeute, l'ordre subsistait encore d'enfermer les cartouches dans des sachets de forte toile hermétiquement cousus?

Pourquoi des soldats, s'il n'y a rien à craindre? Et, s'il y a danger, dans quel but criminel veut-on les disperser, veut-on les désarmer?

Faut-il rappeler l'histoire de cet officier mis en non-activité pour avoir, d'un coup de cravache, fait lâcher prise à l'émeutier qui se pendait à la bride de son cheval? Devait-il donc se servir de son sabre, pour se faire condamner ensuite comme assassin? Devait-il au contraire se laisser désarçonner, puis massacrer, peut-être, comme il advint quelques mois plus tard à deux de ses camarades, assommés à coups de briques ou de pavés, dont l'un mourut sur place, et dont l'autre aurait été achevé par d'horribles mégères, sans le dévouement d'hommes qui l'adoraient?

Faut-il rappeler le siège trop fameux d'Usseau, où des effectifs considérables furent déployés contre un vieillard armé d'un mauvais fusil de chasse? Pour le réduire, n'était-on pas décidé à demander du canon, si les explosifs du génie ne suffisaient pas à venir à bout de sa bicoque? Dans quel but imposait-on à l'armée cette équipée grotesque?

Et plus récemment, dans les villages de la Haute-Loire, insurgés contre les premières applications d'une loi haineuse, antinationale et sacrilège, faut-il rappeler la retraite précipitée, — par ordre, toujours, — la retraite piteuse de la troupe, devant des montagnards armés de bâtons et de fourches, décidés à montrer, par la force, au besoin, qu'ils entendaient faire respecter leurs droits de citoyens libres, leur Dieu, leur foi et leur église?

Mais on craignait l'effusion du sang!

La voilà, l'armée qu'ils ont voulu faire et que, peut-être, ils croyaient naïvement avoir faite : une armée de *prétoriens*, — n'est-il pas temps de leur retourner le mot? — de prétoriens esclaves et poltrons, un simple épouvantail dont on se sert pour essayer de faire peur, et dont on rit sous cape, une armée de fantoches dont la consigne est de déguerpir au plus vite au premier symptôme de danger!

Les leçons sacrilèges du temps de paix portent, fatalement, hélas! leurs fruits quand vient la guerre. Le bien public, seul, autorise l'emploi de la force armée; mais quand on l'a lancée, il faut qu'elle reste la force brutale, indomptable, qui fait plier la résistance ou qui la brise. Nul n'a plus le droit de la retenir; il faut qu'elle aille jusqu'au bout, malgré tout, au mépris de la mort.

En essayant de faire oublier à l'armée le caractère essentiel, irréductible de sa mission,

nos tyrans espéraient en même temps lui faire
perdre jusqu'au sentiment de ses énergies propres, jusqu'au souvenir du pacte originel qui,
seul, la maintenait sous leur dépendance; ils
espéraient la rendre à tout jamais incapable de
se ressaisir, de se refuser à certaines besognes
louches, de se raidir devant des ordres illégi-
times et monstrueux.

La zone interdite qui s'offrait depuis si longtemps à leurs convoitises, au nom du *loyalisme,* — ô l'ironie des mots! — l'armée l'avait
laissé violer sans oser s'émouvoir. En voyant
cette zone si mal gardée, si mal défendue, ils
n'hésitèrent plus à l'envahir tout entière.

Ils s'y sont installés en maîtres; et, tandis
que l'armée leur fournit bénévolement l'appui
dont ils avaient besoin dans leurs entreprises
de persécution religieuse, voilà qu'ils avancent
à grands pas vers l'autre frontière, celle au delà
de laquelle ils oseront requérir le sabre, non
plus seulement pour protéger le cambriolage officiel des églises, mais aussi pour escorter, pour
porter la torche incendiaire et suppléer la guil-
lotine, celle au delà de laquelle l'armée nationale, scindée en deux tronçons dont la guerre
civile attisera les haines, dressera l'une contre

l'autre deux armées ennemies, dont l'une aura trahi la patrie et dont l'autre n'aura pu libérer sa conscience qu'en trahissant le serment par lequel on songe à la lier.

Attendrons-nous jusque-là pour réfléchir ? L'heure n'est-elle pas venue, dès maintenant, de nous reprendre et de crier bien haut, chaque fois que l'on veut mettre au service d'un parti la force dont nous sommes les ministres responsables, après tout :

— Halte-là !.... L'ordre que l'on nous donne n'émane plus d'un pouvoir qualifié, puisqu'il exige plus que nous n'avions promis, plus que nous n'avions le droit de promettre, puisque le gouvernement n'agit plus dans l'intérêt du pays, dont il tient son autorité et dont nous représentons la force, puisqu'il attente aux droits sacrés, aux intérêts vitaux du pays.

— Les pactes sont violés.... Le contrat qui nous liait au gouvernement, rompu.... Le *parti qui gouverne*, — le mot, d'un cynisme inconscient peut-être, mais brutal, est officiel depuis l'avènement du dernier président de la République [1], — le parti qui gouverne est en révolte

____

(1) M. Clémenceau, président du conseil, répliquant aux reproches d'un député collectiviste, déclarait, le 7 mai 1907, en

contre le pays, dont il prétend indûment tenir encore tous ses droits à l'exercice du pouvoir.

— Un autre pacte subsiste, intangible, celui-là, le pacte qui lie l'armée au pays, par-dessus le gouvernement. Entre le pays et son armée, dans l'anarchie spontanée, universelle, qui résulte de la trahison, de la disqualification du gouvernement, toutes les autorités intermédiaires disparaissent en même temps que le contrat sur lequel reposait leur pouvoir. Entre le pays et son armée, l'irrémédiable anarchie ne laisse plus debout, en l'absence de tout lien, de toute discipline sociale, qu'un seul arbitre, la conscience individuelle de chacun de ses soldats. Et si les consciences, différemment éclairées, viennent à conclure à des solutions contradictoires, ce ne sera jamais qu'un désordre de plus, — le moins grave, sans aucun doute, — à l'actif de cette anarchie dont nos maîtres demeurent exclusivement responsables.

— Derrière le gouvernement, c'est le pays que nous servions ; c'est lui que nous entendons servir encore, et toujours. Nous refusons

pleine séance de la Chambre, et avec tout le sérieux qu'on peut lui supposer : — « Le jour où le gouvernement aura la majorité avec une seule voix de droite, il s'en ira. »

d'entrer dans le complot ; nous refusons de marcher contre lui.... C'est notre devoir patriotique, c'est notre devoir militaire lui-même, c'est l'Honneur qui l'exigent !

— Il n'y a pas de serment du parjure !

Tel se présente aujourd'hui le problème de la discipline militaire, qu'il faut, à toute force, choisir raisonnée ou bien aveugle, active ou passive, volontaire ou esclave. Tel il nous fallait l'exposer à tous les bons Français, dont un grand nombre, même dans les milieux militaires, restent peu familiarisés avec ces questions délicates.

Il domine toutes les subtilités juridiques où se sont égarés, où s'égareront encore, sans doute, les plaidoiries, les réquisitoires des défenseurs et des magistrats militaires, — ou civils, bientôt peut-être, hélas ! — entre lesquels s'est discuté et se discutera le sort des officiers réfractaires à l'asservissement.

Les quatre-vingt-dix-neuf centièmes des officiers français ignorent les droits que leur confère la *Charte de l'Armée* et les devoirs qui découlent directement de ces droits. Nous avons voulu les leur faire connaître et les aider à s'orienter sur la route difficile et parfois périlleuse du devoir.

Élargissant encore le débat, nous nous adressons au vieux, au légendaire bon sens français, à la robuste et saine bonne foi de ceux qui jugent plus avec leur esprit, leur cœur et leur raison qu'avec les textes et les arguments puérils d'une raison officielle, toujours passionnée et trop souvent défaillante. — Des autres, nous n'avons cure.

Ceux-là, du moins, — et nous savons qu'ils constituent encore l'immense majorité, — ceux-là diront s'ils consentent à troquer la guerre contre l'ennemi du dehors, nécessité douloureuse et parfois salutaire, pour la guerre civile, toujours désastreuse et toujours criminelle; ils diront si la France est une nation finie; si le pays qui fut, durant des siècles et des siècles, l'arbitre des destinées du monde, a perdu l'instinct de la conservation; s'il est mûr pour les chaînes de l'esclavage anglais ou germanique, en attendant l'invasion barbare; ils diront si tous les Français n'ont plus que du sang d'ilotes dans les veines, et si la France, aux abois, n'a plus qu'à se coucher lâchement pour geindre et pour mourir.

Sans doute, — ayant compris que le droit reste vain s'il ne s'appuie sur la force, mais que la force est criminelle quand elle cesse de s'appuyer sur le droit, — voudront-ils bien reconnaître, avec nous, que les conventions sociales n'ont d'autres assises que la loi naturelle, fondée sur la notion initiale, supérieure et divine, de l'autorité et du devoir; que le devoir procède, en conséquence, de Dieu, et de Dieu seul; que les obligations professionnelles ont pour limites le devoir tout court, qui est absolu, comme le principe dont il découle, qui est simple, et qui est un; et qu'en interdisant à l'armée de se mêler aux luttes politiques et religieuses, — ce qui était sage, — on s'était, par là même, interdit de l'y mêler, — ce qui était strictement honnête.

La conclusion dernière se dégagera toute seule :

Mis en présence de la rupture du pacte, obligé bientôt peut-être de se lier par le serment à un gouvernement devenu suspect, contraint d'exécuter des ordres monstrueux, dirigés contre une société que l'armée a mission de protéger et de défendre, littéralement dupé, puisqu'il n'a même pas le droit de démissionner pour se dispenser d'obéir à des ordres inexécutables, — qu'il n'avait pas à prévoir, qu'il ne pouvait même aucunement prévoir en entrant au service du pays, et, subsidiairement, au service du pouvoir, — l'officier, pris entre ces deux alternatives : la complicité ou le *non possum* des premiers chrétiens, avec tous les aléas personnels qu'il comporte, l'officier n'a plus actuellement qu'un devoir : résister sur place, jusqu'au bout, et malgré tout.

Pour justifier sa conduite, il n'a même pas besoin de faire appel à ses sentiments religieux. Sa raison, sa conscience de soldat, d'officier devenu responsable de l'emploi de la Force qu'il personnifie ou qu'il commande, y suffisent largement.

L'épreuve est le réactif des âmes d'élite.

Le commandement est un *sacerdoce*.

L'honneur du prêtre n'admet aucune transaction.

Et, s'il restait un doute sur le bien fondé de cette attitude, sur le caractère odieux, sacrilège, de l'œuvre criminelle où l'on veut entraîner l'armée, qu'on se reporte à ces journées de honte, où la franc-maçonnerie, démasquée et réduite aux abois, réussit à faire consacrer par une majorité *ressaisie* de députés serviles et félons, traîtres à leur mandat, traîtres à leur pays, le principe de la délation militaire! Qu'on se reporte à cette circulaire éhontée, adressée naguère à tous les officiers de l'armée française, sous le couvert et l'autorité du ministre de la guerre lui-même [1], pour les embrigader dans la sinistre bande.

Quelle armée veut-on donc refaire? Et pour quelle horrible besogne?.... Pour l'assaut de quelles Bastilles? Pour les lauriers de quels Carriers?

Ou bien, le but serait-il autre?

Entre tous les maux dont elle souffre, la désunion, la discorde, pour l'armée, c'est la ruine à brève échéance, alors que l'alliance anglaise nous entraîne à une guerre inéluctable, et peut-être à un piège; alors que le monde barbare se réveille, alors que toute l'Europe, en armes, s'apprête à de nouveaux partages, et peut-être à des luttes désespérées; alors qu'elle tressaille aux clameurs guerrières, au souffle révolution-

(1) M. Berteaux.

naire qui se sont levés à l'Orient, cette fois; alors que demain, peut-être, il nous faudra, comme il y a des siècles, défendre le Vieux Monde contre les hordes asiatiques.

Est-ce bien cela que l'on cherche?....
Alors?....

CHAPITRE IV

LA CONSCIENCE

Anarchie morale. — Désaccord inévitable des consciences. — Le Sacerdoce militaire et l'incompétence
du prêtre. — La parole est à l'Honneur.

L'illogisme révolutionnaire a porté ses fruits :
faute de pouvoir se réclamer d'un principe supérieur, l'autorité n'a plus de base et tombe en
ruines.

Au nom de la logique et du bon sens, un
pacte tacite, mais évident, nécessaire et sacré,
réservait tous les cas où le devoir d'obéissance
est contestable. La zone qu'avait neutralisée ce
pacte, le gouvernement l'a traîtreusement violée, sans que la préméditation puisse être mise
en doute; et, sous l'énormité de l'attentat, tous
les liens de la discipline se disloquent, dans
une armée sans cohésion désormais.

Il n'y a plus de discipline : le soldat, brusquement désorienté, cherche un guide capable

de lui tracer clairement son devoir, dans le cas en litige, d'abord, — et bientôt, peut-être, dans tous les autres cas. C'est à sa conscience qu'il en appelle tout naturellement.

Et voilà que nous retombons dans l'éternel sophisme : pour nous fixer sur un devoir d'état, qui exige une règle précise et générale, obligeant, également et au même titre, toutes les individualités intéressées, nous allons être réduits à cet expédient : — interroger nos consciences individuelles !

La raison proteste : — *Tot capita, tot sensus!*

Car il en est malheureusement de la conscience comme de tout ce qui est humain. Comme la morale, elle varie avec les temps et les individus ; elle se déforme sous l'influence des mœurs, des passions et des croyances, des atavismes et de l'éducation ; la foi l'affine et la stimule, l'indifférence religieuse l'engourdit, l'athéisme l'endort, l'imprévu la trouble, l'habitude l'émousse, l'intérêt la condamne trop souvent au silence. Celle d'un protestant diffère de celle d'un catholique, et le libre examen s'autorise à des accommodements que le dogme proscrit.

Dans l'application, autant de consciences, autant de jugements; donc autant de compréhensions différentes, ou même opposées, du devoir. La confusion des consciences suit nécessairement la confusion des esprits, comme la confusion des esprits était née de l'équivoque du langage. C'est le chaos, c'est le désordre; demain ce sera le désastre de la Babel militaire. L'anarchie la pénètre lentement, sûrement; et non point seulement l'anarchie intellectuelle, l'anarchie organique, mais encore, et bien plus, l'anarchie morale.

La liberté de conscience, si rien ne vient la tempérer, si rien ne peut enrayer ses écarts, rend absolument chimérique l'unité morale d'une armée.

Nous ne pouvons pourtant pas faire que cette liberté ne soit inscrite dans nos lois et ne soit entrée, nominalement (1, tout au moins, dans nos mœurs, sous l'égide du libéralisme. Mais il s'ensuit nécessairement que toutes nos organisations sociales, et l'organisation militaire en particulier, doivent la prévoir, et garantir, entre tous les éléments disparates, ainsi mis en présence, un *modus vivendi*, à toute force indispensable.

(1) Oh combien!

7.

Ce *modus vivendi*, la Charte de l'Armée l'avait prévu et constitué : en exigeant du soldat la remise d'une part de sa liberté de conscience, comme de toutes les autres libertés, elle lui laissait, nous le savons, des garanties précises. En même temps que la discipline, épurée, fortifiée par le pacte, assurait la soumission du subordonné, la confiance inspirée par l'autorité répondait, à tous les échelons de la hiérarchie, du repos absolu des consciences. Et de ce double accord résultait un mutuel respect de cet Honneur militaire, dont les règles précises, dictées par l'expérience, illustrées par de magnifiques exemples et scrupuleusement transmises par la tradition, avaient toute la force et toute l'autorité d'un code universel, reconnu par tous, qui ne pouvait heurter aucune conscience, et qui les ralliait toutes dans un devoir plus haut que le devoir défini par chacune.

— L'Honneur, a dit Alfred de Vigny, c'est la conscience exaltée. — Il faudrait, croyons-nous, compléter sa figure, et dire :

— L'Honneur, c'est la conscience faite de toutes les consciences [1], exaltées jusqu'à l'unisson.

_____

[1] Militaires, ou judiciaires, ou sacerdotales, etc.

Quand nous en serons à tirer les conclusions dernières de cette étude, nous établirons que l'Honneur seul peut résoudre certains délicats problèmes. Qu'il nous suffise, en ce moment, de constater ce simple fait : le soldat, désorienté par la faillite d'une discipline dans laquelle il s'était confié jusque-là sans la moindre réserve, parce qu'elle lui était une garantie en même temps qu'un lien, le soldat se trouve immédiatement amené à se référer désormais aux jugements de sa conscience, — de sa conscience d'homme privé.

Sorti de la logique de son rôle, il n'avait pu échapper au sophisme; prisonnier du sophisme, il va s'égarer dans le labyrinthe d'une casuistique étrange, obscure et contradictoire, qui le ramènera toujours à son point de départ, et ne le conduira jamais devant une porte ouverte que pour la murer devant lui; d'une casuistique où personne ne s'entendra plus ni sur les définitions des choses ni même sur le sens des mots, où l'équivoque des idées se compliquera du trouble des sentiments, où la solidité des principes fléchira sous le poids des intérêts engagés, où l'aveuglement final ne permettra plus à personne de voir clair ni dans la pureté de ses intentions ni dans la portée de ses actes.

L'un affecte de se contenter d'une morale instinctive et rudimentaire, parce qu'il ne croit à rien, qu'à la nécessité de vivre dans une paix relative avec ses semblables. C'est un égoïste qui s'ignore; c'est un imprévoyant qui sera demain une dupe, dupe des autres et dupe de lui-même.

L'autre, esprit subalterne et timoré, fuit des spéculations qu'il juge hasardeuses, parce qu'elles vont le mettre inopinément, peut-être, face à face avec un effort énergique à produire, un devoir difficile à remplir. Il se réfugie dans son ignorance volontaire et coupable, et s'abandonne au courant des idées qui passent, comme le nageur imprudent s'abandonne au flot qui l'emporte vers le gouffre. Il réédite, à son insu, le mot des insouciants et des dépravés : — Après nous, le déluge!

Le parti pris de ne rien examiner fait qu'un troisième s'en remet du soin d'élaborer la loi à certains spécialistes qui en ont assumé la tâche. — Bonne ou mauvaise, peu lui importe! La loi est la loi, et n'engage pas d'autres responsabilités que celles des hommes qui avaient qualité pour la faire. Inique ou mal conçue?....

Il n'en a cure et s'en console. N'y a-t-il pas toujours eu des erreurs et des abus? Aujourd'hui corrige hier, demain corrigera aujourd'hui. Nul ne peut contenter tout le monde et son père. La loi est la loi. Obéissons à la loi d'aujourd'hui, pour être fondés à exiger de tous l'obéissance à la loi de demain.

Paresse d'esprit, de cœur ou de volonté, que tout cela!

Mais cet autre, en même temps qu'il dépouille une neutralité désormais impossible, va recouvrer toute sa mentalité sectaire. Il ne lui répugnera plus d'accepter un rôle dans des exactions, des persécutions qui ne seront dirigées ni contre son parti ni contre ses coreligionnaires. S'il lui faut un prétexte ou une excuse, il invoquera le droit aux représailles, ou plus simplement le juste retour des choses d'ici-bas. N'est-ce pas ainsi que toutes les révolutions faites au nom de la liberté ont abouti à quelque atroce despotisme?

Par contre, celui-ci, pris entre des obligations professionnelles et des obligations de conscience par lesquelles il se croit également tenu, gémit sur son impuissance à sortir de l'impasse, et s'effondre sous le poids de ses perplexités. Sa conscience s'accommodera quelque jour d'une de ces demi-mesures contre lesquelles l'expérience et la logique protestent, — s'insurgent même, — mais toujours en vain ; qui ne sauvegardent ni les individus ni les principes, et dont les sectaires savent toujours tirer profit.

Et celui-là, fils, héritier d'un vieux soldat, ou vieux soldat lui-même, se croit encore au temps où l'ordre n'était jamais discuté parce qu'il n'était pas discutable, — le principe de la discipline, scrupuleusement respecté par les détenteurs de l'autorité, dispensant les agents d'exécution de la velléité même d'une discussion superflue.

Il ne voit de la discipline que les obligations qu'elle lui impose, à l'exclusion de celles qu'elle impose au pouvoir. Et faisant de ses obligations un intangible dogme, il s'enferme systématiquement dans une obéissance absolue et passive.

Ainsi se discute le redoutable problème, entre les complaisances et les rétivités de consciences plus ou moins cultivées, plus ou moins pointilleuses ; entre des intérêts plus ou moins inavouables, et des soucis parfois désintéressés, — et, par conséquent, relativement excusables ; — entre l'initiative et la passivité d'esprit ; — entre le sentiment plus ou moins élastique du devoir, et le besoin d'une tranquillité qui ne se satisfait pleinement que dans l'inertie.

Dans de telles conditions, la solution ne saurait être douteuse : elle sera conforme à la loi du moindre effort intellectuel et moral, de la moindre peine et du moindre risque personnel. Les arguments ne manqueront point, au surplus, pour la justifier : — Ne faut-il pas sauvegarder à tout prix un gagne-pain duquel dépend, — trop souvent, hélas ! — le sort de toute une famille ? On se flatte, d'ailleurs, de cet espoir inconsidéré, que tout finira bien par s'arranger. On s'affirme à soi-même que le salut viendra de la logique même des événements, que le bien finit toujours par sortir de l'excès du mal. On se fixe à tout hasard, et par esprit de précaution, une limite plus ou moins précise, plus ou moins arbitraire, au delà de laquelle il est bien entendu qu'on ne se laissera pas entraîner dans une obéissance coupable ; on espère, — et l'on finit par s'en persuader, — que cette limite ne sera jamais atteinte.

Et puis, les intentions sectaires du pouvoir sont-elles vraiment aussi noires qu'on les lui prête ? Des esprits chagrins n'exagèrent-ils pas à plaisir l'importance et les conséquences de la coopération militaire à des entreprises dont le sens et le but final restent encore douteux, après tout ?....

Et l'on évoque, si on la connaît, — on imagine, si on l'ignore, — la théorie des actions indifférentes en soi, mais plus ou moins connexes avec d'autres actions, — sans vouloir s'avouer que, si ces autres actions sont mauvaises et condamnables, les premières cessent à l'instant même d'être indifférentes, pour devenir coupables.

Mais tous ces arguments sonnent faux.... Un doute subsiste, lancinant, au fond de la conscience. La lâcheté humaine revendique alors la parole.

L'un s'abrite derrière une loi qu'il condamne, mais qu'il se résigne à subir ; l'autre se couvre d'un ordre militaire, comme si, d'avoir passé par la voie hiérarchique, pouvait rendre normale une monstruosité légale, juridique ou militaire ; il renvoie toutes les responsabilités au chef qui le commande, oubliant qu'en vertu d'une légitime réciproque, il les assume lui-même toutes, vis-à-vis d'inférieurs dont il réclame, à chaque instant, une entière confiance, qu'il prétend justifier par son désintéressement : il oublie qu'il les assume toutes, ces responsabilités, vis-à-vis de la troupe qu'il va, tout à l'heure, entraîner derrière lui. Celui-là, perdant la tête dans le surmenage démoralisant de sa conscience, se retourne en désespéré contre le curé, d'où provient tout le mal. Il avait bien besoin, vraiment, de fermer et de barricader son église ! Que ne la livre-t-il, sans façon, sans tapage, aux perquisitions, aux spoliations sacrilèges ? Ne serait-ce pas le meilleur moyen, le moyen charitable et par conséquent vertueux, le moyen infaillible de sauver d'honnêtes soldats et de bons chrétiens d'un effroyable débat de conscience, et d'arranger les choses au mieux de tous les intérêts ? Ce curé n'a donc pas de pitié [1] !

Pour n'avoir pas à choisir entre l'épreuve et la trahison, le soldat invite le curé à trahir lui-même la confiance de ses fidèles, et jusqu'à son sacerdoce.

Vaines défenses ! Illusions dangereuses ! Un jour vient, tôt ou tard, où la dernière limite est

---

[1] Au lendemain des scènes de Saint-Servan, le *Matin* publiait dans ce sens, en première page et en première colonne, une lettre signée d'un soi-disant « officier catholique », lettre dont le ton, les arguments et le style dénonçaient clairement son auteur, — un esbrouffeur de la maison.

franchie, le dernier attentat prêt à se consommer ; où il faut, ou bien suivre l'envahisseur et sauter le pas derrière lui, en violentant sa propre conscience, — ou bien subir, dans des conditions plus atroces qu'on ne l'avait prévu, l'épreuve que l'on espérait esquiver.

Et ce jour-là trouve l'anarchie morale à son paroxysme. Au nom d'un principe, on se refuse à forcer des portes d'église ; mais, par une étrange contradiction, on accepte de contenir, de disperser la foule qui s'oppose, fût-ce pacifiquement, à ce que l'on sait être une spoliation, un vol et un sacrilège. On se défend d'être crocheteur ou cambrioleur ; mais on se résigne à faire le guet, et peut-être davantage, pour le compte des professionnels qui opèrent. Timidités d'apprentissage, qui passeront bien vite ! Quand on veut réellement ne pas se laisser emporter par la pente, c'est au début, tout en haut, qu'il convient de s'arrêter.

Et cependant, la confusion grandit, s'infiltre partout, trouble toutes les notions, désordonne tous les scrupules, abolit toute distinction entre le vrai et le faux, entre l'ordre et le désordre. Les procédés d'intimidation que met en œuvre une faction despotique et révolutionnaire, elle les identifie avec les moyens réservés au maintien de l'ordre; la résistance légitime des citoyens odieusement molestés, elle l'assimile au désordre; le droit au commandement n'est plus qu'un prétexte commode à l'abus d'autorité; les protestations, même platoniques, de l'Honneur militaire, à chaque instant froissé, souillé, violé, elle les qualifie d'actes d'indiscipline.

Et tout cela, c'est la conséquence, logique et voulue, de la mainmise de l'État sur les esprits et sur les consciences, la conséquence forcée de l'école sans Dieu et sans morale, des théories individualistes et de l'excitation effrénée de tous les appétits; c'est la logique de la Déclaration des droits de l'homme, qui néglige les droits de Dieu et ceux de la société; c'est l'aboutissement normal de ce socialisme d'État dont l'individu se fait l'esclave, moyennant la promesse de vagues jouissances qu'il attendra toujours; c'est le dernier mot d'une liberté qui n'est que celle de déchoir, d'une égalité qui ne laisse debout aucune élite et qui ravale tous les hommes au niveau du plus bas, d'une fraternité, enfin, dont Jacob se prévalut sans doute autrefois contre Ésaü, et Caïn contre Abel.

Le sophisme triomphe, l'équivoque est reine.…
La tourbe anarchiste va lui rendre le suprême
hommage : — Si l'officier revendique le droit de
consulter sa conscience au reçu de l'ordre qui
prétend le faire marcher contre ses frères en religion, le même droit s'impose, de toute évidence, au bénéfice du soldat qu'un ordre du
même genre lance, en cas de troubles, en cas de
guerre même, contre ses frères en prolétariat
ou en humanité !

Et nul n'a dénoncé la fourberie de ce raisonnement suspect, hypocrite et spécieux ! Nul n'ob-
jecte, nul ne démontre la véritable évidence ! Nul
ne répond que le cas précis soulevé à propos du
soldat n'a rien à voir avec la violation du contrat militaire, du contrat national et du contrat
divin. Nul ne proclame qu'il relève, non plus
de la conscience, mais bien de la raison, de la
logique même, la logique sociale, la logique
historique, la logique du métier; et que jamais,
quand la raison se restreint dans ses droits, la
conscience, quand elle reste sincère, ne s'insurge contre la raison. Nul n'en a appelé à
l'honneur militaire, à l'honneur national !

Mais, pour avoir voulu briser la conscience,

la raison n'avait-elle pas sombré la première ?
Ne s'était-elle pas écroulée, — et depuis longtemps, — sous les coups de bélier de l'anarchie
intellectuelle, qui préludait à l'anarchie morale ?

Sorti de la logique et privé de ses lumières,
le soldat s'était trouvé réduit à interroger sa
conscience, à lui demander de mettre un terme
à ses tragiques anxiétés.

Mais, réduite elle-même à ses propres lumières, sa conscience reste impuissante à dégager la solution qu'il réclame. Où sa conscience ira-t-elle s'éclairer ?

Certains, de ceux qui croient, ont eu recours
au prêtre.

Le prêtre, lui aussi, a traversé la crise, et il
en a souffert jusque dans son moral. Il se débat
dans de cruelles angoisses et de terribles contradictions, au milieu d'effrayantes responsabilités qu'il ne discerne plus très bien. Le prêtre
a charge d'âmes : cette responsabilité nouvelle
qu'on lui demande d'assumer devant les hommes et devant Dieu va le jeter dans un trouble
profond. Le voilà juge dans un conflit où lui-
même est intéressé. Certes, la lutte est grave,
et la cause est sacrée…. Balance-t-elle, pourtant, l'énormité du sacrifice ? Les responsabi-

lités propres, les pressions de l'autorité n'excusent-elles pas d'avance la soumission absolue du soldat?

Et, dans la générosité de son cœur qui saigne, le prêtre s'apitoie sur le sort de cet homme, de ce chrétien qui se débat, désespéré, dans une impasse, qui le supplie de lui trouver la voie, qui va plaider, tout à l'heure, la cause de sa femme et de ses enfants, — des innocents, qui ont le droit, peut-être, d'échapper à ce drame auquel ils sont rigoureusement étrangers; — il s'indigne avec ce soldat qui plaidera, tout à l'heure encore, les intérêts du pays au service duquel il ne demande qu'à se dévouer malgré tout, et ceux d'une armée où il ne veut pas céder sa place à quelque soldat de hasard, qui ferait bon marché de ses nobles scrupules.

Le prêtre se trouble.... Et ce trouble de l'homme sacré par Dieu guide et juge, sur terre, des consciences humaines, n'est, il faut bien le dire, que l'inconscient aveu d'une incompétence que nous allons nous efforcer de démontrer (1).

---

(1) Il y a là un cas d'ordre général, que la doctrine et le bon sens suffisent à trancher.

Si l'autorité ecclésiastique était vraiment compétente, le

Cette incompétence, s'il s'en rend compte, il l'accuse et se tait; mais, quelquefois, il n'en a pas conscience, et il parle. Et, quand il parle, c'est trop souvent, hélas! pour légitimer, pour imaginer quelque transaction entre deux devoirs qui lui paraissent à lui aussi contradictoires; comme si semblable contradiction pou-

Souverain Pontife aurait eu, non seulement le droit, mais le devoir de parler. Lui seul est infaillible en tout ce qui concerne le devoir, la doctrine et les mœurs; mais son infaillibilité n'est en cause, évidemment, que lorsqu'il a jugé à propos de parler; le sujet, d'ailleurs, en valait la peine.

Or Pie X, sachant fort bien qu'il n'avait rien à dire, n'a pas plus parlé à ce sujet qu'il ne l'a fait quand les fidèles et le clergé le consultaient sur la conduite à tenir par eux-mêmes en différents cas: inventaires dans les églises, éviction des curés dépossédés de leurs presbytères, nouvelle organisation du culte, etc.

Quand il s'était agi du principe même de la loi de séparation, qui attentait ouvertement au souverain principe de l'autorité pontificale, il s'était, au contraire, nettement prononcé.

Dans toutes les autres circonstances, il s'est borné, sans grand succès peut-être, à faire entendre, aux catholiques et à leurs évêques, qu'à eux seuls revenait le soin de s'organiser, de choisir telle politique défensive qui pourrait concilier les intérêts de l'Église et les intérêts de la France. Il s'est bien gardé de rien imposer par lui-même.

Léon XIII, déjà, si activement qu'il se soit occupé du Ralliement, — de si désastreuse mémoire, — n'a jamais engagé la parole pontificale; jamais il ne s'est réclamé de son infaillibilité, là où elle n'avait que faire, et pour cause. *Il ne le pouvait pas.*

Quel prêtre oserait donc se poser en juge, fût-ce même pour absoudre, là où le pape, sagement, se réserve?

vait être admise, un instant, par le prêtre, représentant direct d'une autorité qui est une par essence ; comme s'il était permis au père de chercher, dans le pain quotidien et les avantages de l'éducation qu'il veut assurer à ses enfants, une compensation légitime à l'exemple, donné par lui, des défaillances les plus démoralisantes ; comme s'il n'était pas absurde d'assumer en personne toute la honte et tout l'odieux d'une besogne dégradante, pour empêcher d'autres soldats, moins scrupuleux, de s'en charger sans l'ombre d'un remords ! Si l'attentat doit se commettre, n'est-ce pas à ceux qui l'approuvent d'en porter tout le poids ?

L'incompétence du prêtre est flagrante ; elle tient toute dans ce fait que la question dont on l'a saisi échappe dans une large mesure aux lumières propres de son sacerdoce, et qu'elle relève en réalité d'un autre sacerdoce que le sien.

Il n'est pas, en effet, que lui de prêtre par le monde. Dieu, sans doute, lui a délégué le gouvernement individuel des âmes ici-bas. Il l'a institué guide, en ce monde, des âmes qui doivent un jour comparaître, dans l'autre, devant leur souverain Juge, dispensateur, sous son contrôle,

de la miséricorde et des sanctions éternelles.
C'est le prêtre du Verbe; c'est le prêtre spirituel.

Mais, nous l'avons dit déjà, avant de s'en retourner vers son Créateur, l'homme appartient,
sur terre, à la vie sociale; et cette vie sociale
comporte des responsabilités et des sanctions
qui sont du domaine exclusif de l'histoire; elle
réclame d'autres récompenses et d'autres châtiments que ceux qui attendent l'âme dans l'éter-
nité. Les vertus et les crimes, les erreurs et
les fautes des peuples entraînent nécessairement des sanctions; ces sanctions, Dieu les
leur doit dès cette vie terrestre, puisqu'ils
échappent, par leurs destins limités, aux sanctions de la vie future. L'Autorité divine, qui
s'exerce, comme la justice divine, sur l'avenir
des sociétés humaines, a organisé les nations
de telle sorte qu'elles pussent, par leurs propres moyens, éviter ses châtiments et mériter
ses récompenses.

Pour les guider vers leur but : la prospérité,
le prestige et la gloire; pour leur permettre de
régénérer, d'éliminer au besoin leurs éléments
corrompus ou morbides; pour écarter ou briser
les obstacles qui se dressent en travers de leur

route, et pour porter le fer, quand il le faut, dans leurs organes gangrenés, Dieu a constitué trois autres sacerdoces, trois sacerdoces temporels, absolument distincts et indépendants du premier; il en a investi le souverain [1], le juge et le soldat, mandataires de son Autorité, de sa Justice et de sa Force, dans la vie sociale des peuples.

Tous trois sont prêtres : prêtres de l'Autorité qui dirige, de la Justice qui punit, de la Force qui contraint et qui brise la résistance.

Tous trois sont prêtres, et, dans la plénitude de leur sacerdoce, indépendants les uns des autres, responsables seulement devant Dieu qui leur fera rendre leurs comptes quand ils comparaîtront devant lui.

Sans doute, les enseignements, les avertissements du prêtre, quand il parle au nom de son sacerdoce particulier, peuvent porter jusqu'au souverain; sans doute, l'autorité du souverain peut s'exercer dans une certaine mesure sur le juge, et le verdict du juge atteindre le soldat.

___

[1] Est-il besoin de dire que le mot « Souverain » est pris ici dans un sens générique, et désigne quiconque a charge de gouverner, dans une nation, en quelque rang et sous quelque régime que ce soit.

Mais, comme prêtres, le souverain, le juge et le soldat relèvent directement de Dieu, auteur direct et juge immédiat de leur sacerdoce. Entre ces prêtres et Dieu, nul autre prêtre n'est admis à s'interposer quand il s'agit de définir, d'exercer et de défendre ce sacerdoce.

En tant qu'hommes, soldat, juge, souverain dépendent les uns des autres et dépendent du prêtre, comme le prêtre du juge et du souverain. De lui encore, ils dépendent dans la répercussion logique de leurs actes sacerdotaux sur leur vie morale et sur le salut de leurs âmes, comme le prêtre appartient au juge et au souverain quand sa robe sacerdotale est devenue le drapeau du scandale.

En tant que prêtres, ils sont tous, après Dieu, leurs propres, leurs seuls juges; et c'est pour les éclairer sur la grandeur, sur la noblesse de leur mission que Dieu les maintient directement sous son bras; c'est pour les défendre contre les tentations et les faiblesses qu'il leur prodigue les secours de la grâce d'état; c'est pour sauvegarder, pour consacrer leur indépendance réciproque, qu'il a développé, épuré, affiné leurs consciences, qu'il les a, enfin, exaltées jusqu'à l'Honneur [1].

Souverains, juges et soldats, prêtres sur terre de l'Autorité, de la Justice et de la Force, vous n'avez pas besoin, dans l'exercice terrestre de votre sacerdoce, des lumières du prêtre spirituel, du prêtre de l'au delà ! Vous portez seuls le poids des responsabilités historiques et sociales, des destinées du peuple que Dieu vous a confié, et qui sera ce que vous l'aurez fait.

Tout autre est le rôle du prêtre. Il peut, sans doute, donner parfois un avis désintéressé,

---

[1] C'est le roi qui décide la guerre, mais c'est le soldat qui la fait.

C'est le pouvoir qui met le gendarme aux trousses du voleur, mais c'est le magistrat qui le juge.

Le roi peut, d'ailleurs, être le souverain juge de ses sujets et le chef suprême de ses troupes.

Dans la famille patriarcale, — le prototype social, — les quatre sacerdoces se synthétisaient en la personne du père, prêtre, roi, juge, et chef de guerre.

Les nécessités sociales ont imposé, plus tard, la spécialisation des sacerdoces comme la division du travail.

La distinction des pouvoirs, de Montesquieu, adoptée depuis par les théoriciens de la démocratie, n'est que la grossière parodie de cette spécialisation. — Elle repose, au fond, sur un pur sophisme :

Il n'est, en réalité, qu'une autorité, qu'un pouvoir; et ce pouvoir a tout simplement des agents, des ministres distincts, préposés à des départements différents, mais qui relèvent tous de son autorité souveraine, et ne sauraient avoir d'autre but que le sien.

voire même un conseil. Jamais il ne saurait prétendre imposer sa manière de penser, de voir et de juger dans une question qui n'est pas de son ressort. Il n'est juge que dans son propre sacerdoce.

Ce rôle de conseiller désintéressé n'est-il pas, d'ailleurs, le seul dont il soit fondé à se prévaloir, même dans le gouvernement des âmes? Comme directeur de conscience, il peut, sans doute, s'autoriser de son expérience de la vie et des âmes; jamais il n'aura le droit de substituer son libre arbitre au libre arbitre d'un homme qui ne pouvait lui demander que de l'éclairer, d'un homme qui agira, par la suite, dans la plénitude d'une responsabilité dont il sera seul à rendre compte.

Juge, il ne l'est qu'au tribunal de la pénitence, et juge seulement des intentions et du repentir, comme délégué de la justice et de la miséricorde divines, dont les sévérités, non plus que les faveurs, ne cherchent pas plus loin.

La sincérité, le ferme propos de son pénitent, restent les seuls éléments de la sentence qu'il édicte, surtout quand il édicte cette sentence à propos d'un devoir d'état, et, *a fortiori*, quand

8.

il s'agit d'un devoir sacerdotal, relevant d'un autre sacerdoce que le sien.

Hors du confessionnal, homme d'élite, sans doute, mais homme toujours, il parle seulement comme homme, et non plus comme représentant de Dieu. Et si quelque autre prêtre, investi d'un autre sacerdoce, vient implorer le secours de ses lumières, il ne peut que se récuser.

La Force n'a qu'un prêtre, en ce monde ; et ce prêtre, c'est le soldat!

Quant au prêtre des âmes, s'il ne se récuse pas, s'il se risque à trancher le redoutable problème, il est sujet à se tromper lourdement, et il partagera, sans diminuer la part qui revient au soldat, la responsabilité de leur erreur commune, due à son ignorance, due à sa présomption, due à la pusillanimité de celui qui le consulte.

Il n'a reçu mission de regarder que l'homme ; il ne saurait pénétrer le prêtre. L'âme de cet homme, il ne l'aperçoit que sous l'aspect commun à toutes les autres âmes ; il ignore d'elle tout ce par quoi elle dépasse les autres et s'en distingue : le sacerdoce et les devoirs d'état, qui constituent son redoutable privilège d'être d'exception. Dès lors, comment connaîtrait-il de ses responsabilités historiques, de ses responsabilités sociales, quand la sanction terrestre de ces responsabilités lui échappe; quand les effets de cette sanction s'exercent exclusivement sur des destinées qui n'auront pas de lendemain dans l'autre monde?

Il est dans son rôle quand il rappelle à ce prêtre qu'il a des devoirs d'état, quand il avertit le souverain, le juge et le soldat, que Dieu les châtiera dans leurs âmes, s'ils prostituent ou s'ils trahissent son Autorité, sa Justice et sa Force; il peut absoudre ou condamner le souverain, le juge et le soldat qui viendront s'accuser d'avoir péché contre l'Autorité, la Justice ou la Force, ou qui le prendront pour témoin, pour juge de leurs incertitudes à l'égard de la façon dont ils ont accompli leur tâche. Il ne peut pas leur dire : Si tu agis dans tel sens, tu trahiras. Si tu agis dans tel autre, tu rempliras ta mission, et tu seras agréable à Dieu. — Il ne le peut pas, parce qu'il n'est plus compétent. L'opportunité, la juridiction des actes qui appartiennent au devoir d'état lui échappent. Il ne le peut pas, parce qu'il n'est plus rien, qu'un homme comme les autres, quand il n'agit plus dans la normale de son sacerdoce.

Si Bayard, le bon Chevalier sans peur et sans reproche, pour recueillir sa confession suprême sur le champ de bataille, avait pu disposer d'un prêtre, il l'eût fait juge, non pas des coups héroïques qu'il avait portés, non pas du plan de sa bataille ou de ses procédés de combat; non pas même de la légitimité d'une guerre dans laquelle il soutenait sans arrière-pensée le drapeau de la France et du roi; il l'eût fait juge, uniquement, des intentions de son cœur de soldat, et aussi, à l'occasion, de ses repentirs. Le reste, déjà, n'appartenait plus à Bayard. Le reste entrait dans l'histoire, où les peuples, dominés par Dieu, trouvent toujours la récompense de leurs vertus politiques, sociales et militaires, comme ils y trouvent le châtiment de leurs erreurs et de leurs crimes, de leurs lâchetés, de leurs abdications et de leurs reniements.

Aussi, quand le prêtre outrepasse son rôle et intervient dans les questions politiques, judiciaires et militaires, nous le voyons réduit à emprunter les procédés de sa casuistique spéciale. La hiérarchie des consciences lui échappe, puisqu'il n'est le juge des âmes que dans son sacerdoce, qui les lui montre toutes égales devant Dieu. Dans les autres sacerdoces, la notion des obligations particulières à chaque devoir d'état lui échappe donc également, dans le fond comme dans le détail (1). Faute de lumières suffisantes, il ne peut que réduire le devoir à une moyenne plus ou moins arbitraire, et traiter toutes les consciences sur le pied d'une règle, uniforme, il est vrai, mais qui s'adapte naturellement au niveau social inférieur. Il se fait, à son insu, l'apôtre de la démocratie des consciences, et nous ne savons que trop, pour l'avoir maintes fois éprouvé dans notre histoire, que le dernier produit de la démocratie, sur quelque terrain qu'elle fleurisse, c'est, en définitive et toujours, l'anarchie.

(1) Les obligations du devoir d'état sont, le plus souvent, subordonnées à certaines circonstances que, seul, le spécialiste peut sainement apprécier, et subordonnées aussi aux conséquences que portera l'acte raisonné du spécialiste, aux modifications que ces conséquences apporteront à une situation donnée, sociale, militaire, politique, historique ; seuls le juge, le soldat et le souverain sont qualifiés pour prendre une décision où ils sont seuls compétents et dont ils resteront seuls responsables.

Le prêtre ignore généralement tout de ces circonstances, de cette situation, de ces conséquences et de ces modifications. Il n'a même pas l'expérience d'un milieu qui n'est pas le sien. Comment parlerait-il avec autorité ?

C'est une erreur que de vouloir réduire les contestations relatives à l'obéissance militaire à un banal cas de conscience, quand on a réduit la conscience au type conventionnel, uniforme, banal, et de nature très inférieure, que nous a fait imaginer notre manie d'une illusoire égalité. Là encore, nous ne pourrons jamais uniformiser le niveau qu'en abattant les têtes, et nous aurons mis les consciences décapitées hors d'état de s'élever jusqu'à la compréhension de leurs devoirs propres, exceptionnels par nature et par destination.

Aussi, cette conscience, même éclairée par le prêtre, ne peut-elle que se heurter à l'extrême limite fixée par le casuiste, au delà de laquelle, — *consensu omnium*, — il y a, même pour qui n'a pas charge de sacerdoce, transgression évidente de la loi naturelle et divine, — et par conséquent du devoir, — donc matière à la juridiction du prêtre. Elle ne peut concevoir cette évidence : que, de la situation d'élite qui caractérise le soldat, — et à plus forte raison le chef, — résultent des obligations spéciales et rigoureuses, dont le respect ou le mépris verront leurs effets se répercuter au loin dans la vie sociale, nationale, historique, du pays, et qui comporteront des responsabilités écrasantes. Elle ne peut concevoir les exigences d'un sacerdoce qui oblige étroitement l'homme consacré prêtre, qui lui donne et lui impose pour seul juge devant Dieu cette voix vibrante capable de parler en lui plus haut qu'une conscience ordinaire, pour engager strictement sa conscience à lui : l'honneur.

Mais, en deçà de l'extrême limite admise par la casuistique égalitaire des consciences démocratisées, dans cette zone que l'on avait, à juste titre, neutralisée pour cause d'incertitude ou de défaut d'entente, dans ce terrain contesté où le prêtre, le pouvoir, le juge et le soldat sont exposés à des empiétements réciproques, que de cas litigieux vont surgir, nés du libre jeu, dès innombrables conflits, — trop faciles à prévoir, — des passions politiques et des haines sociales, des hypocrisies démagogiques et des démences populaires !

Et si c'est le pouvoir qui la viole, cette zone sacrée, et s'il prétend forcer l'obéissance du soldat au nom d'une discipline que, de ses propres mains, il a lui-même détruite, où la conscience, — impuissante à discerner d'elle-même le devoir qui dépasse ses horizons mesquins, —

où la conscience ira-t-elle s'éclairer? Qui lui révélera ce devoir impérieux, évident, que la foule peut ignorer ou méconnaître, mais qui s'impose à l'élite parce qu'elle est l'élite, et qui, dans cette élite, rallie les consciences sans en froisser aucune, en les relevant toutes. Où trouver, pour cette élite, la règle unique et générale, qui tranchera tous les cas douteux et rendra leur sérénité à toutes ces consciences, illuminées soudain par la même lumière?

Ce criterium qui répond à tout, c'est l'Honneur, l'Honneur militaire pour le soldat.

Toujours d'accord avec la logique comme avec la conscience, plus exigeant, plus impérieux, plus précis seulement qu'elles ne le sont pour l'homme du commun, et surtout toujours d'accord avec lui-même dans tous les cœurs de soldats au fond desquels il subsiste, c'est l'inspirateur et le juge suprême de tous les actes du soldat, c'est le titre de noblesse de l'aristocratie militaire, c'est le gage et c'est le sceau de son sacerdoce. Cet Honneur, la Caste militaire doit à son Dieu, elle se doit à elle-même de le défendre contre quiconque y ose attenter. Il appartient au prêtre de défendre l'autel, fût-ce au prix des derniers sacrifices.

Si l'Honneur vient à défaillir, le problème de l'obéissance au pouvoir ne se pose même plus.

L'Anarchie intellectuelle a tué la discipline; l'anarchie morale vient aveugler les consciences....

Si l'Honneur tombe à son tour, c'est que le soldat déserte et renie son sacerdoce.... L'Armée est morte !....

CHAPITRE V

L'HONNEUR

———

Le grand philosophe [1] auquel nous devons le traité du *Vrai*, du *Beau* et du *Bien* nous apprend à distinguer le *Vrai en soi* des axiomes de l'opinion courante, le *Bien en soi* des règles de la morale communément admise, le *Beau en soi* du beau de convention. L'homme, simultanément sollicité par sa raison, ses croyances et ses aspirations, par le milieu dans lequel il s'agite, par les passions qui se partagent son cœur et ses sens, l'homme est ainsi fait que le sentiment de l'absolu lui échappe presque toujours et que le vrai, le bien et le beau se révèlent rarement à lui dans leur harmonieuse plénitude. Il les regarde au travers d'un prisme qui les déforme et qui les disperse ; son atten-

(1) Victor Cousin.

tion s'attache le plus souvent à des aspects particuliers qui le séduisent, et qui l'abusent toutes les fois qu'il néglige ou qu'il oublie d'en reconstituer la synthèse.

Il tient pour vraie l'hypothèse reçue jusqu'à nouvel ordre, pour bonnes les conventions sociales dans lesquelles il a été élevé, pour beau le décorum que l'usage ou la mode consacrent. Sa raison, sa conscience et son esthétique ont reçu, de sa première éducation, une empreinte durable, indélébile ; s'il n'est pas un sujet d'élite, il n'arrivera jamais à les soustraire à l'influence du milieu qui vient un jour se superposer à l'influence de la première éducation. Dans sa vie privée comme dans sa vie publique, il prendra pour règles de conduite les codes formulés par les lois, par les conventions scientifiques, sociales et mondaines. L'immense majorité des hommes de nos jours n'en soupçonnent pratiquement pas d'autres.

Nous relevons d'une autre justice, celle de Dieu, qui nous demandera quelque jour un compte sévère de nos moindres actes. Dieu, — l'Infini, l'Absolu, — nous jugera au nom du vrai, au nom du bien, au nom même du beau. Mais, dès avant la justice divine, qui n'intervient qu'après la mort, il est un troisième tribunal devant lequel nous comparaissons tous; il siège au plus intime de nous-mêmes, et ses trois juges: la Raison, la Conscience et l'Honneur, ont à se prononcer, à chaque instant, sur la sincérité de nos efforts dans la recherche du vrai, du bien et du beau, considérés dans leur plus pure essence.

Tel est, en effet. sous son triple aspect, le but unique vers lequel doit tendre notre vie tout entière. La logique, la morale, l'esthétique la doivent régir plus impérieusement à mesure que notre personnalité prend une importance plus grande, du fait des relations que nous entretenons avec nos semblables. La part d'influence intellectuelle que nous détenons, les responsabilités morales qui pèsent sur nous, le cadre enfin qui nous met en valeur, nous obligent plus étroitement que ne l'eût fait le simple souci de notre développement individuel.

Dans l'universelle harmonie vers laquelle doit tendre toute vie sociale, la note que nous donnons ne saurait être entièrement abandonnée à notre arbitraire. Aussi, avant que d'être les juges de notre vie privée, de notre vie publique, la raison, la conscience et l'honneur se constituent nos guides.

La raison parle la première, éliminant les erreurs lourdes et les absurdités, progressant toujours vers cette vérité totale qu'elle ne pourra jamais atteindre. C'est le phare avancé qui éclaire la route. — Mais sa lumière est sujette à l'éclipse; l'esprit humain, infirme de nature, se défend mal contre l'orgueil et les autres passions qui l'aveuglent.

Le navire vient-il à s'engager sur des fonds dangereux ou suspects, c'est à coups de sonde, prudents et répétés, qu'il avance.

Le pilote seul pourra, tout à l'heure, le faire entrer, toutes voiles dehors, dans les eaux sûres où il doit prendre son mouillage; à ce pilote, il faut, avec la sûreté de main, la longue expérience; avec la connaissance parfaite de la côte, l'autorité toute-puissante du capitaine.

C'est en sondant à chaque instant notre conscience que nous éviterons les écueils qui jalonnent notre route; c'est en nous fiant sans réserve à l'Honneur que nous réaliserons en beauté notre fin.

La raison nous a montré la route; la conscience nous y a maintenus; l'Honneur va nous porter d'un élan jusqu'au but.

Mais il faut d'abord que nous sachions défendre notre raison contre le sophisme, notre conscience contre les tares de l'éducation et les conseils perfides de la crainte, des intérêts mesquins et de l'orgueil. Il faut surtout que notre conception désintéressée, sereine et magnifique de l'Honneur, le dégage radicalement des exigences conventionnelles d'un point d'honneur plus ou moins mal placé.

Une seule fin s'offrait à nos efforts; une seule route nous y mène; il importe que nous ne nous laissions pas fourvoyer.

La conscience intervient après la raison, l'Honneur après la conscience, non pour se contredire, mais pour se compléter, pour se suppléer au besoin. La conscience ne peut rien exiger qui démente la raison, ni l'Honneur rien qui se heurte à la conscience; — supposer pareille chose serait nier l'unité fondamentale du vrai, du bien, du beau; ce serait nier Dieu. — La raison, la conscience et l'Honneur n'exigent pas autres choses; ils exigent successivement davantage. Ils ne modifient pas le devoir, immuable comme Dieu lui-même : la raison l'avait indiqué ; la conscience l'a seulement précisé ; l'Honneur survient pour le préciser plus encore, et pour l'ennoblir.

Alfred de Vigny a tracé de l'Honneur deux superbes figures :

L'Honneur, c'est la conscience exaltée.

L'Honneur, c'est la pudeur virile.

Il était impossible de le mieux définir.

Conscience exaltée, pudeur virile,.... il ne semble pas, en effet, que l'Honneur soit une chose innée au cœur de l'homme, mais, primitivement tout au moins, une chose acquise, dont il n'avait à l'origine reçu que le premier germe prêt à se développer dans la vie sociale, susceptible de se transmettre par l'atavisme et par l'éducation.

L'homme primitif, isolé dans une île déserte, n'aurait que faire de l'honneur, comme la femme de la pudeur. L'un et l'autre sentiment répondent à des nécessités de la vie en commun. Tous deux sont comme les bases premières de la dignité humaine. Tous deux supposent forcément un milieu.

Au premier couple, tant qu'il n'eut de relations qu'avec son Dieu et avec les êtres inférieurs abandonnés à son usage, la raison et la cons cience pouvaient, à la rigueur, suffire. Du jour où naquit la famille, du jour où fut constituée la première ébauche d'une société, les rapports humains exigèrent certaines délicatesses inconnues jusque-là. A la femme, sa dignité d'épouse et de mère imposa ses voiles. A l'homme, le respect de soi-même et d'autrui, l'orgueil du travail créateur, l'exercice de l'autorité, l'usage de la force, allaient donner le sentiment de l'Honneur.

Certes, la raison, la conscience ne cessaient pas d'intervenir dans ces nouvelles manifestations de l'activité humaine. Elles veillaient toujours, l'une à la logique, l'autre à l'honnêteté des actes accomplis. Mais il fallait que l'homme, investi désormais d'une charge sociale, pût s'entourer de respect et s'auréoler de prestige. Appelé à faire partie d'une élite, il fallait que, par des vertus exceptionnelles, il pût s'imposer au vulgaire, et cela dans l'intérêt supérieur de sa charge et dans l'intérêt supérieur du groupement social tout entier. Il fallait que, subordonnant à cet intérêt supérieur ses intérêts personnels, que poussant au paroxysme la vigueur de son caractère et ses scrupules d'honnête homme, il eût au plus haut degré le sentiment de sa valeur propre, le culte de l'autorité, et la religion du sacrifice. Il lui fallait cette pudeur, faite de nuances et de délicatesses, qui s'effarouche et se révolte au contact de la moindre souillure, qui se libère des moindres impuretés. Il fallait enfin que, sa personnalité morale s'accroissant de tout ce qu'il abandonnait de ses aspirations matérielles, il pût, fort de lui-même, se soustraire aux entraînements, aux exigences, aux jugements de la masse, et puiser en lui seul le sentiment de cet Honneur auquel il subordonnerait tout, jusqu'à la considération dont l'honoreraient ses semblables, — de cet Honneur dont nos ancêtres formulèrent un jour la devise sévère et magistrale :

— « *Noblesse oblige.* »

Par opposition au point d'honneur vulgaire, qui n'est fait que de conventions mondaines et de vanités, qui varie avec les mœurs, les usages et les caprices de la mode, l'Honneur, esthétique immuable de la morale, n'est autre chose que la religion du Beau dans l'action, du *Beau en soi*, du Beau couronnant le Vrai et le Bien.

En balayant une aristocratie qui, sans doute, n'avait plus le sentiment précis de ses devoirs, de ses responsabilités et de son Honneur, la Révolution négligea d'édifier un nouvel édifice sur les ruines de celui qu'elle venait d'abattre. Elle hissa successivement au pinacle des hommes que nulle éducation, nulle tradition n'avaient préparés à la mission imprévue qu'ils osaient assumer. Du pouvoir, ils ne prisèrent que les moyens d'action, que le relief qu'il donne, sans en vouloir considérer les charges, sans en vouloir connaître les délicats scrupules. En sapant à la base la vieille société française déjà chancelante, la Révolution avait à jamais enrayé, avec toutes les autres, la *Tradition d'Honneur*.

La crise gigantesque dont la Révolution ne fut que le prologue touche à son dénouement.

La raison humaine, proclamant sa toute-puissance, a voulu s'affranchir du dogme : elle est aujourd'hui l'esclave du sophisme. La conscience s'étant fait une religion plus commode, ou niant même toute religion, la conscience, insuffisamment éclairée, tantôt se trouble et tantôt se tait. L'Honneur, du moins, parle-t-il assez haut encore, pour que, libres de nous sauver ou de nous perdre, nous sachions au moins rester beaux; pour que, libres d'orienter à notre gré nos destins personnels, et libres de nous faire une esthétique particulière, nous sachions du moins respecter l'harmonie générale et la vitalité d'un organisme qui ne peut vivre que par nous, par nous tous, communiant dans un même idéal.

L'Honneur, hélas! où donc est-il? Il était l'apanage des grands, des nobles, des dirigeants, des désintéressés : il n'y a plus de grands, de nobles; il y a peut-être des dirigeants, mais ceux-là sont intéressés. Le peuple souverain croit s'être émancipé; mais il n'a ni le sens de cette autorité qu'il réclame ni les moyens de l'exercer. Tout, pour lui, se résume dans la conquête successive de l'argent, des faveurs et des prébendes, en attendant le jour de la curée définitive. Où donc y aurait-il place dans cette formidable explosion d'appétits pour le culte du Beau, pour la religion de l'Honneur?

Le pouvoir, constitué au hasard, par des procédés incertains, quand ils ne sont pas louches, le pouvoir, sans garanties sérieuses de durée au milieu des compétitions qui se dressent, le pouvoir abdique devant les partis et les sectes. Les tyrannies se succèdent, elles, se brisent un jour contre la tyrannie du Veau d'Or, contre la tyrannie de l'Argent qui aveugle les esprits et qui négocie les consciences. Pour ce qui est de l'Honneur ou du peu qu'il en reste, l'Argent l'aura bien vite à bon marché.

La charge n'est plus qu'une fonction, la fonction ne vaut plus que par les subsides qu'elle procure. Pour avoir part à la curée, tout le monde rêve d'être fonctionnaire; et la France, ayant perdu le sens de l'Honneur, s'achemine à grands pas vers le châtiment suprême des déshonorés et des lâches, finalement acculés à se faire justice. La destruction systématique de ses forces de conservation, de ses forces vitales, la pousse d'un élan fou vers le suicide : le lien social se distend dans la vaine poursuite d'un idéal humanitaire qui n'est que la plus égoïste manifestation d'un individualisme barbare; le corps social se dissocie au cours des luttes féroces que se livrent les classes ennemies. L'Armée, la suprême sauvegarde, tombée en léthargie, ne se réveille de temps en temps que pour s'abandonner aux factions qui se la disputent. Cette Armée, dont la survivance, dont les dernières traditions d'Honneur lui font l'effet d'un perpétuel reproche, cette Armée dans laquelle, prostituée, aveulie, elle ne veut plus se retremper, la France rêve de s'en débarrasser tout à fait.

Et l'Armée ne réagit pas!

C'est, en effet, dans l'Armée que l'Honneur avait trouvé son dernier refuge. Il y semblait inexpugnable.

Plus qu'à tout autre, l'Honneur s'imposait au soldat, incarnation vivante de la force sociale. Aux détenteurs du glaive il fallait imprimer le respect du glaive, pour qu'ils ne fussent tentés ni d'en abuser ni d'en laisser abuser par personne.

Rome avait mis le feu sacré sous la garde des vierges. De ses prêtres aussi, la Force devait exiger une pudeur farouche. La vestale souillée s'en allait au supplice; le soldat sans Honneur est un être haïssable, un traître, indigne de porter les armes, qui ne mérite plus qu'exécration et que mépris.

Il nous faut l'avouer, à notre grande honte : prise dans sa généralité, l'Armée française n'a plus, avec toute son intégrité primitive, le sentiment de son Honneur spécial.

Les délicats problèmes qui se sont récemment posés pour elle, dans le domaine de l'obéissance militaire, nous démontrent éloquemment qu'il s'est produit, du haut en bas de l'échelle hiérarchique, d'irrémédiables confusions sur le sens de ces trois mots : Discipline, Conscience et Honneur.

La conception qu'on s'est faite de la discipline s'est trouvée contraire à la raison ; la conscience, plus ou moins obscurcie par les dévergondages d'une morale incertaine et rudimentaire, s'est égarée sur d'autres routes que celle du devoir ; l'Honneur, enfin, descendu des hauteurs sereines où il planait, s'est abaissé à la taille des sentiments mesquins qui caractérisent notre décadence. Ne l'avons-nous pas entendu, quelquefois, définir en ces termes par de jeunes officiers que leur jeunesse, leur inexpérience et l'enseignement *modern style* de nos écoles militaires n'excusent qu'à grand'peine :

— « L'honneur, pour le soldat, c'est la considération dont le monde l'entoure. »

L'Honneur ! Quelle autre idée s'en faisait-il donc, ce malheureux qui s'en fut un jour prostituer son uniforme à la tribune de la Bourse du travail, en pleine réunion d'émeutiers ? Justement frappé pour avoir pactisé avec des rebelles, ne suppliait-il pas le ministre de lui rendre l'honneur en lui restituant son grade ?

Le soldat est le seul gardien de son Honneur. Il n'est au pouvoir de personne de le lui rendre quand il l'a perdu.

Le soldat reste le seul juge de son Honneur, jusqu'au jour où il l'a perdu.

Code de noblesse, plus exigeant, plus sévère que tous les codes, précisément parce qu'il ne comporte aucune autre sanction que celle de notre propre estime, l'Honneur est bien rééllement, comme le dit Alfred de Vigny, la *Pierre du Serment;* et c'est aussi la *Pierre du Sacrifice*, sur laquelle le soldat doit toujours être prêt à s'immoler.

Seul témoin du serment qu'il a fait dans son cœur en acceptant ses armes des mains de la patrie, seul juge de ses pudeurs intimes et seul maître de son Honneur, il est aussi le seul à pouvoir le défendre.

Et quand l'ordre déshonorant le touche, quand la besogne hideuse à laquelle on prétend le plier se présente, un triple devoir s'offre au soldat : juger, décider, agir.

S'il refuse d'obéir, l'Honneur est sauf.... Tout le reste, il va l'immoler sur la *Pierre du Sacrifice.* — Noblesse oblige !....

S'il accepte, il pourra sauver sa situation, sa considération, son honorabilité peut-être. Mais il aura transigé avec l'Honneur. Cet Honneur dont il était le seul juge, il l'aura livré au jugement d'autres hommes. Cet Honneur dont il était le seul gardien, il l'aura abdiqué entre les mains des hommes sans Honneur auxquels il aura obéi. Son Honneur n'est plus rien : il est tombé dans le domaine public, comme un trophée sali dont la foule s'amuse !

Et là, tiraillé en tous sens, au gré de tous les partis, de toutes les factions, de tous les appétits, de toutes les jalousies, de toutes les rancunes et de tous les sadismes, comme tous les vieux trésors de nos richesses et de nos gloires nationales, l'Honneur du soldat, pauvre loque en lambeaux, lamentable et souillée, s'en ira quelque jour, au fumier d'un Hervé, rejoindre le drapeau de la France, prostitué lui aussi à des mains indignes, à des mains sans honneur.

CONCLUSIONS

La Raison cherche; la Conscience discute;
l'Honneur s'impose.

Aux époques normales, quand la vie sociale
suit librement son cours, la raison du soldat
lui révèle son rôle; sa conscience suffit à le dé-
limiter; l'Honneur survient pour préserver le
soldat des petitesses dont s'accommode le vulgaire, pour le porter aux belles, aux nobles
actions, pour exiger de lui plus et mieux que
le simple devoir du commun.

Ainsi, sur la mer calme, toutes voiles dehors,
vogue majestueusement le navire.

Mais, un soir, au fort de la tourmente, le navire cherche anxieusement sa route. Le vent
mugit, la foudre gronde, les éclairs déchirent
la nue. L'atmosphère, chargée de fluides ennemis, détraque la boussole, dont l'aiguille affolée
ne connaît plus le nord. Soudain, le phare qui

brillait dans la nuit a disparu derrière un gros nuage....

O soldat, ballotté par les flots dans la tempête humaine ! Soldat ! c'est ta raison qui s'éteint dans la nuit !

Le navire a cargué ses voiles, n'en gardant que bien juste ce qu'il faut pour gouverner. Il s'avance à tâtons ; il multiplie les sondages, pour reconnaître les fonds sur lesquels il progresse, les écueils sur lesquels, tout à l'heure peut-être, il va toucher. O désastre ! la tempête l'a porté sur des fonds que nulle carte n'indique....

Soldat ! c'est ta conscience qui s'interroge en vain, ta conscience qui ne se reconnaît plus !

Ne voyant plus son but, redoutant de sortir de sa route et pressentant l'écueil, le soldat avait interrogé sa raison, et sa raison s'était tue. Réduit à louvoyer entre le bien et le mal, il a interrogé sa conscience.... O terreur ! sa conscience elle-même ne sait plus que répondre !....

Mais, qui donc eût osé prévoir que le navire serait poussé hors de sa route coutumière, dans ces parages périlleux, mal connus ?

Ainsi, hélas ! en est-il de nous-mêmes. Accoutumés à suivre dans la vie les routes toutes droites, tracées par nos ancêtres, nous ignorons les récifs qui les bordent, et jamais nous n'avons exploré les fonds inconnus sur lesquels ils se dressent. Notre religion, étriquée à la mesure de nos pratiques routinières et déformée dans le sens de nos commodités, notre conscience, pliée aux codes enfantins et simplistes d'une morale utilitaire, sans principes, archaïque et conventionnelle, notre conscience et notre religion nous manquent à l'heure juste où nous leur crions : Au secours !

La raison se taisait, impuissante. La conscience, désorientée, se tait comme la raison.

Et cependant, le navire, en perdition dans la tourmente, jette au vent ses appels, multiplie ses signaux de détresse :

— Au pilote !

Soldat dont la raison, dont la conscience restent muettes, dans l'épreuve et dans la tempête, ton pilote, c'est ton Honneur !

Soldat qui cherches ta route, tu t'es donné

naguère à ton pays par un engagement d'Honneur !

Soldat ! les puissants du jour, qui se réclament de toi, t'ont dit : « Marche ! au nom du pays ! »

Le lien qui rattachait, hier encore, le pouvoir au pays, ta raison le cherche et ne l'aperçoit plus !.... Le pays ?.... le pouvoir ?.... Entre les deux, ta conscience désorientée, ta conscience incertaine du devoir, ta conscience hésite....

Soldat ! interroge ton Honneur !

L'anarchie a rompu successivement tous nos liens sociaux. Celui qui te liait, hier encore, au pouvoir, a cédé comme les autres, en même temps qu'a cédé celui qui liait le gouvernement au pays. Un seul lien te reste, qui tient bon, toujours !.... C'est ton engagement d'Honneur, qui te lie au pays !

Un gouvernement sans vergogne ose-t-il invoquer, contre le pays et contre toi, les pouvoirs qu'il tenait seulement du pays ?.... Invoque hardiment l'*exception d'anarchie*, qui t'enlève au gouvernement disqualifié pour te rendre à la France.

Soldat ! fie-toi à ton Honneur ! L'Honneur parle toujours !.... L'Honneur ne peut faillir !

Et voici qu'après la voix de la logique et la voix de la conscience, la voix de l'honneur vient poser devant l'officier un problème plus grave, plus douloureux, plus angoissant que l'antique problème de l'obéissance à des ordres iniques.

Car la rupture est évidente, définitive, entre les traditions de la France et le but que poursuivent les hommes de la République actuelle, en révolte ouverte contre le principe d'autorité, sous quelque forme, légitime ou simplement légale, qu'il se présente. Le schisme est accompli : après avoir détrôné la souveraineté monarchique, ils ont sapé la souveraineté divine ; et l'impitoyable logique voulait qu'ils méconnussent, tôt ou tard, la souveraineté nationale par laquelle ils l'avaient hypocritement et provisoirement remplacée. La République, telle qu'ils s'en réclament aujourd'hui, c'est, en face de la

France, ce que fut, en face de la chrétienté, la prétendue réforme de Luther et de Calvin, ce que fut, en face de l'Église catholique, la constitution civile du clergé, imaginée par la Révolution. C'est l'hérésie, née de l'orgueil, faite des ambitions, des appétits inavouables de ses protagonistes et de la naïveté, de l'inconscience, de l'irréductible bonne foi de leurs dupes ; c'est le schisme, où l'armée française, participant aux erreurs de la nation depuis qu'elle s'est fondue en elle, est en train de suivre la République des mauvais Français, des Français renégats.

Armée du schisme, l'armée républicaine des Combes, des André, des Pelletan, des Berteaux, des Clémenceau, des Picquart et des Dreyfus, armée de la paix à tout prix, — réserve faite des injonctions anglaises et des exactions sectaires, — armée antifrançaise, armée du désordre, armée de guerre civile, *ultima ratio* de la bande maçonnique, qui la prépare au dernier rôle qu'elle lui destine et qui, en attendant, l'a prise pour champ d'expériences, — *in anima vili*, — de l'arbitraire et de la délation, de l'internationalisme, du pacifisme et de l'anarchie. — Armée française, point !

Non plus même armée de défensive française, mais armée de défensive étrangère ! Non plus armée nationale, mais armée antinationale ! Et, le pays, d'autant plus facilement abusé qu'on le rend plus aveugle, le pays croit encore, se fie encore à cette armée qui n'est plus que l'armée du mensonge et qui sera demain l'armée de la débâcle, sinon l'armée de la trahison.

Plus d'idéal, plus de foi, plus de but, plus de logique, plus de morale et plus d'honneur ! Des appétits, des lâchetés, des reniements ! La curée du budget, des traitements, des places, des emplois, des distinctions honorifiques ; demain, la curée finale du pays, sous les yeux d'ennemis implacables qui attendent patiemment l'heure de ramasser nos dépouilles.

Et si quelqu'un jette le cri d'alarme, la France entière proteste ; on le fait taire ; au besoin même on le honnit.

Vous, du moins, qui gardez encore au fond de vos cœurs un peu de passion française et de foi militaire, vous qui voyez, vous qui pouvez comprendre, vous qui souffrez, vous qui vous lamentez, qu'en pensez-vous, mes camarades ?

Avez-vous songé qu'il va bientôt falloir choisir entre la France agonisante et la République qui médite de se servir de vous pour la mieux achever? Vous êtes-vous dit qu'il n'y a plus de place, désormais, entre les dupeurs et les dupes, que pour les clairvoyants aveulis, qui, demain, seront peut-être criminels?

Qu'allez-vous faire?

Certains pensent: Restons! Nous perpétuerons, dans l'armée dissidente, le noyau des purs et des fidèles!

— Chimère! Vous aurez inutilement donné le scandale. On ne s'embarque pas dans le schisme, sous prétexte de maintenir un impossible trait d'union! Vous serez entraînés, distendus, brisés!

D'autres ont dit : Gardons, sauvons nos places! Trop de mécréants les convoitent!

— Chimère encore! Allez-vous donc, vous, les croyants, accepter la besogne des incroyants, des apostats?

Détrompez-vous, au surplus! On ne cherche pas autant qu'il vous semble à vous obliger à partir. Vous remplacer n'est pas toujours facile et peut devenir scabreux. Vous vous résignez si facilement, d'ailleurs, à faire vous-mêmes ce que vous ne pouvez empêcher!

L'arriviste, au contraire, est toujours un peu suspect à ceux-là qui l'emploient. On ne peut se fier à son désintéressement. Votre soumission bénévole, — soyez-en bien certains, — est la plus sûre garantie que puissent escompter ceux qui l'exploitent en vue d'exigences futures. Vous chasser de l'armée serait, de leur part, une insigne maladresse, quand il leur est si facile de vous domestiquer progressivement et de vous asservir, de vous laisser, en fin de compte et pour toute récompense, tout l'odieux de leurs besognes infâmes, odieux que vous voulez bien disputer à de moins scrupuleux.

Restez donc ! Mais souvenez-vous que :

> On est au fond du précipice
> Dès qu'on met un pied sur le bord.

D'autres, enfin, s'écrient : Si nous partons, c'est le pays mis brusquement en face de l'horrible réalité : l'armée qui se disloque. C'est la débâcle, le désespoir et la panique, c'est le subit, le tragique dénouement du drame qui se traîne et qui ne veut pas finir. Le pays ne vit plus que sur son illusion dernière ; à quoi bon la lui enlever ? Laissons-la lui ! Nous ne pouvons plus rien : soit ! Sauvons du moins la face ; respectons, prolongeons l'agonie. Et qu'il meure du moins en paix!

— Hommes de peu de foi! C'est le mensonge qui tue, la vérité qui sauve !

Cette illusion morbide, c'est elle, justement, qui conduit le pays à la mort, en l'empêchant de réagir.

Il se croit gouverné parce qu'il voit encore des hommes à sa tête : et ces hommes sont des fantoches ! Il se croit défendu parce qu'il croit encore à des soldats qui n'en sont plus. Il croit à ses soldats parce qu'il voit dans leurs rangs des officiers dont il connaît, dont il apprécie les sentiments honnêtes ; et ce qu'il ne sait pas, c'est que, — sous prétexte de respecter son agonie, — ces officiers se font un devoir d'agir comme s'ils avaient d'autres sentiments.

Combien d'entre eux ont su garder intacts les enthousiasmes vibrants qu'ils avaient apportés à l'armée?

Vous n'êtes plus que de vivants mensonges,

Le mensonge engourdit, comme le poison, mais il tue.

La vérité blesse, parfois, profondément, cruellement, sans doute; mais elle seule peut guérir; elle seule peut sauver.

Il faut crier la vérité ; il faut aller la crier au pays et sortir pour cela, s'il le faut, de la *grande muette* qui ne peut pas se faire entendre.

Que faire alors ?

Le cas est grave, certes, douloureux et critique.

La logique ? Depuis longtemps elle n'est plus en cause.

Vos consciences ? Tout conspire à y entretenir le trouble. Dieu me garde de peser imprudemment sur elles, alors qu'au prêtre j'en ai pu refuser le droit.

Reste l'honneur, le devoir militaire par excellence ! Reste l'honneur sacerdotal, notre conscience propre à nous autres soldats, à nous autres prêtres de la force, conscience toujours certaine, toujours sereine, toujours hautaine et la même pour tous !

Que veut l'honneur ?

Lorsque Antiochus, roi de Syrie, faisait peser son joug sur la Judée, il prétendit imposer une seule loi, un seul culte dans toute l'étendue de son empire, et ordonna *qu'on souillât les lieux saints et le saint peuple d'Israël* [1].

____

[1] *Les Machabées*, liv. I, ch. 1, 49.

10.

Jérusalem connut alors la persécution politique et la persécution religieuse, les exactions, le dol et le carnage, sous le gouvernement d'hommes sans foi ni loi. L'idole trôna sur l'autel, dans le temple de Dieu ; les livres du Seigneur furent déchirés et brûlés ; ceux qui les gardaient, massacrés.

Les défections commencèrent dans le peuple juif. Un grand nombre suivit ceux qui, les premiers, avaient abandonné la loi de Dieu ; *et fecerunt mala super terram* [1], ajoute le texte biblique.

Alors, Mathatias, père des Machabées, s'écria :

— Malheur à moi ! Suis-je donc né pour voir l'affliction de mon peuple et le renversement de la ville sainte, et pour demeurer en paix quand elle est livrée aux mains de ses ennemis (2) ?

. . . .

— Toute sa magnificence lui a été enlevée. Celle qui était libre est devenue esclave.

— Tout ce que nous avions de beau, de saint et d'éclatant a été désolé et profané par les nations.

— Pourquoi donc vivons-nous encore ?

Alors Mathatias et ses fils déchirèrent leurs vêtements ; ils se couvrirent de cilices, et se lamentèrent amèrement (3).

(1) *Les Machabées*, liv. I, ch. I, 55.
(2) *Ibid.*, ch. II, 7.
(3) *Ibid.*, 11, 12, 13, 14.

Mathatias et ses fils s'étaient réfugiés à Modin, avec un certain nombre de Juifs restés fidèles. Des envoyés d'Antiochus les vinrent sommer d'abandonner la loi de Dieu, d'encenser les idoles et de leur offrir des sacrifices.

Beaucoup faiblirent ; Mathatias et ses fils furent inébranlables.

Et Mathatias, comme le premier, le plus grand, le plus considéré de la ville, comme tirant un relief tout particulier de son prestige au milieu de ses fils et de ses frères en Dieu, Mathatias, à son tour, fut personnellement sollicité de se soumettre, contre la promesse de magnifiques récompenses, de présents fabuleux et des faveurs royales.

Mathatias refusa ; et comme un autre juif s'était laissé tenter sous ses yeux mêmes, il le tua, de sa main, sur l'autel profané et immola pareillement l'officier d'Antiochus.

Puis (1), il cria à haute voix par la ville : — Quiconque est zélé pour la Loi, et veut rester ferme dans l'Alliance, qu'il me suive !

Et (2) il s'enfuit avec ses fils dans les montagnes ; et ils abandonnèrent tout ce qu'ils possédaient dans la ville.

(1) *Les Machabées*, liv. I, ch. II, 27.
(2) *Ibid.*, 28.

L'heure va-t-elle sonner pour nous de quitter l'armée du schisme et de nous retirer dans notre honneur comme les Machabées se sont enfuis sur la montagne?

— Quoi! dira-t-on; nous mettre en grève, nous aussi?

L'objection n'est que spécieuse. Il ne s'agit nullement d'une grève. Par la force des choses, — l'indifférence, l'inertie, le besoin de vivre aidant, — les départs ne seront pas nombreux. Aussi bien, ce qui importe, ici, c'est la valeur et non le nombre.

Le problème se présente ainsi : L'officier de vocation, qui a gardé jalousement sa foi, est actuellement, au milieu de l'armée républicaine, dans une situation absolument analogue à celle du prêtre qui ne croit plus à son Église et qui se résigne passivement à accomplir les rites extérieurs de son ministère. Une seule différence subsiste, — et elle est capitale : Ce n'est pas, en réalité, le prêtre qui a perdu la foi; c'est son Église qui la renie, c'est l'armée française qui s'enfonce dans le schisme, ou plutôt dans l'idolâtrie.

Persévérer dans notre véritable culte et poursuivre l'œuvre à laquelle nous nous étions consacrés, nous ne le pouvons plus qu'en apparence : un pouvoir tyrannique et sectaire nous charge de ses entraves, nous paralyse et stérilise nos efforts en bafouant lui-même notre foi.

Tout chef, disait Napoléon, qui accepte une mission déterminée, alors qu'on ne lui a pas donné tous les moyens de la remplir, tout chef qui la conserve quand on les lui restreint, est imprudent et criminel.

Persisterons-nous dans cette imprudence ? Risquerons-nous ce crime ? Accepterons-nous un rôle, si passif soit-il, dans le « sabotage » militaire et national du pays.

Ou bien, au contraire, rompant ouvertement avec l'armée républicaine, l'abandonnerons-nous à ses destins, à l'anarchie qui la travaille, au chancre hideux qui la ronge et qui ne trouvait qu'en nous l'aliment, le dérivatif par la vertu duquel le mal peut durer longtemps, sans doute, mais sans jamais pouvoir guérir?

L'armée républicaine est au pays ce qu'est à l'organisme le membre gangrené qui menace son existence. Le membre est condamné : il faut qu'il tombe ! Il faut qu'il tombe seul !

Quand les discordes des chefs de l'armée

grecque retardaient indéfiniment la chute de Troie, le bouillant Achille, n'écoutant plus que son honneur, rompit tout commerce avec eux et se retira dignement sous sa tente.

Bien loin de nuire à l'issue de la guerre, cette retraite volontaire, préméditée, fortement motivée, lui permit au contraire de préparer et de mûrir, en toute sérénité, le plan hardi qui devait si bien réussir le jour où ses compagnons d'armes, — désabusés par de lamentables échecs et revenus enfin de leurs erreurs, de leurs démences, — le supplièrent de se mettre à leur tête.

Sans cette souveraine autorité, que son honneur, sauvegardé, lui permit seul d'exercer sans conteste, Achille n'eût rien pu pour tirer l'armée grecque d'une situation ridicule et précaire. Et, quand le héros fut mort, si le prestige de ses armes n'avait perpétué le souvenir de cette autorité qu'il avait si bien su rétablir, l'astucieux stratagème du sage Ulysse lui-même eût été inutile.

A l'armée grecque, ce qu'il fallait, c'était un chef. Et nul n'y pouvait plus commander, de ceux que leurs luttes intestines avaient successivement disqualifiés.

C'est aussi pour avoir obéi à la voix de l'honneur, pour avoir résolument, ouvertement rompu avec la Judée sacrilège, c'est pour s'être héroïquement détachés de tout : leur ville, leurs biens, leurs intérêts, leur situation privilégiée, c'est pour s'être dignement, fièrement retirés sur la montagne, que Mathatias et, après lui, les illustres Machabées, ses fils, ont mérité de restaurer, — par la vertu d'un glaive qu'ils avaient su garder pur de toute souillure, — la fortune et la gloire d'Israël.

L'armée républicaine, ayant d'abord renié Dieu, a renié l'honneur, puis renié la guerre. Elle sacrifie sur l'autel où trônent maintenant les idoles. Elle est parjure ; elle est sacrilège ; elle court à son châtiment ; elle est acculée au suicide.

C'est le membre pourri qui tombe !

Officiers français, voyez ce que l'honneur vous commande !

BESANÇON. — IMPRIMERIE JACQUIN